KOMPLETNÝ SPRIEVODCA DEHYDRÁTOROM

100 RECEPTOV NA SUŠENIE ZELENINY, MÄSA, OVOCIA A ĎALŠÍCH

Daniel Haluška

Všetky práva vyhradené.

Vylúčenie zodpovednosti

Informácie obsiahnuté v tomto eBooku majú slúžiť ako komplexná zbierka stratégií, o ktorých autor tohto eBooku robil prieskum. Zhrnutia, stratégie, tipy a triky odporúča iba autor a čítanie tejto e-knihy nezaručí, že výsledky budú presne odzrkadľovať autorove výsledky. Autor eKnihy vynaložil všetko primerané úsilie, aby poskytol aktuálne a presné informácie pre čitateľov eKnihy. Autor a jeho spolupracovníci nenesú zodpovednosť za žiadne neúmyselné chyby alebo opomenutia, ktoré môžu byť zistené. Materiál v eKnihe môže obsahovať informácie od tretích strán. Materiály tretích strán zahŕňajú názory vyjadrené ich vlastníkmi. Ako taký, autor eKnihy nepreberá zodpovednosť ani neručí za žiadny materiál alebo názory tretích strán. Či už z dôvodu rozvoja internetu alebo nepredvídaných zmien v politike spoločnosti a usmerneniach na predkladanie redakčných príspevkov, to, čo je uvedené ako fakt v čase písania tohto článku, môže byť neskôr neaktuálne alebo nepoužiteľné.

Elektronická kniha je chránená autorským právom © 2022 so všetkými právami vyhradenými. Je nezákonné redistribuovať, kopírovať alebo vytvárať odvodené diela z tejto eKnihy, či už v celku alebo po častiach. Bez výslovného písomného a podpísaného súhlasu autora nesmú byť žiadne časti tejto správy reprodukované ani opätovne prenášané v akejkoľvek forme.

OBSAH

OBSAH **3**

ÚVOD **7**

SIRUPY A ŽELÉ **9**

    1. Čučoriedkový bazalkový sirup 10
    2. Pektín s citrusovou dreňou 13
    3. Želé z ružového grapefruitu 15

OMÁČKY A DRESINGY **17**

    4. Med naplnený zázvorom a citrónom 18
    5. Medovo broskyňová BBQ omáčka 21
    6. Korenené hruškové maslo v pomalom sporáku 24
    7. Domáce pražené arašidové maslo 26
    8. Krémový dresing na uhorkový šalát 28

ZELENINA V PRÁŠKU **30**

    9. Paradajkový prášok 31
    10. Sladký zemiakový prášok 33
    11. Zelerová soľ 36
    12. Zelená prášková zmes 38

DEHYDROVANÉ OVOCIE **40**

    13. Strúhaný kokos 41
    14. Kokosová múka 43
    15. Jahodovo banánové rolky 45
    16. Koža škorica jablko 47
    17. Kožený tekvicový koláč 50
    18. Pizza zmes z paradajkovej kože 53
    19. Zmes rastlinnej kože 55
    20. Paradajkové zábaly 58

KORENIACIE ZMESI **60**

21. Zmes korenia Cajun... 61
22. Zmes korenia na steaky.. 63
23. Zmes korenia na pizzu... 65
24. Kreolská zmes korenia... 67
25. Bylinkové korenie.. 69
26. Etiópska bylinná zmes (berbere).. 71
27. Zmes na bylinkový šalát... 74
28. Miešaný bylinkový ocot... 77
29. Miešané bylinkové pesto.. 79
30. Horčicovo-bylinková marináda... 81
31. Dezertná bylinková omáčka.. 83
32. Dresing z citrusových bylín... 85
33. Cottage-bylinkový dresing... 87
34. Zmes provensálskych bylín... 89
35. Olejová a bylinková marináda... 91
36. Ľahké bylinkové octy... 93
37. Šťovkovo-pažítkové pesto.. 95
38. Uhorkový bylinkový dresing.. 98
39. Bylinkový pekanový trieť... 100
40. Z esty bylinkový dresing.. 102
41. Cesnakovo-citrónovo-bylinkové potieranie.. 104
42. Dolce latte bylinkový dip... 106
43. Zmes francúzskych bylín... 109
44. Bylinkové a koreninové maslo... 111
45. Bylinkový zeleninový dresing.. 113
46. Slaninový, paradajkový a bylinkový dip.. 115
47. Cesnaková bylinková nátierka... 117
48. Chevre s bylinkovou nátierkou.. 119

HOVÄDZIE MÄSO...121

49. My Classic Beef Jerky... 122
50. Hovädzí steak Jerky... 125

POLIEVKA..128

51. Karfiolová polievka... 129
52. Špargľová polievka.. 132

53. Termoska zeleninová polievka ... 135

DEHYDRATOVANÉ ČIPY ... **138**

54. Sladké zemiakové lupienky ... 139
55. Kapustové lupienky ... 141
56. Cuketové lupienky ... 143
57. Dehydrované uhorky do chladničky ... 146
58. Prosciutto chipsy ... 149
59. Repné lupienky ... 151
60. Jačmenné lupienky ... 154
61. Cheddar mexi-melt chrumky ... 157
62. Pepperoni chipsy ... 159
63. Anjelské lupienky ... 161
64. Satay chrumky z kuracej kože ... 163
65. Kuracia koža s avokádom ... 166
66. Parmezánové zeleninové chrumky ... 168
67. Tekvicový koláč kokosové chrumky ... 170
68. Chrumky z kuracej kože alfredo ... 172

ZELENINA ... **174**

69. Sladké zemiakové palacinky z kokosovej múky ... 175
70. Plnené kapustové rolky v pomalom sporáku ... 178
71. Dusená zimná tekvica s jablkami ... 181
72. Dehydrované zimné tekvicové hniezda ... 184
73. Cesnakovo kreolské korenené tekvicové hniezda ... 186
74. Fajita fazuľa a ryža ... 189
75. Ryžovaná karfiolová pizza kôra ... 192
76. Hash Brown Mix v nádobe ... 195
77. Rýchla hnedá ryža ... 198
78. Rýchla varená fazuľa ... 200
79. Pani. Fazuľa pečená na varnej doske B ... 202
80. Pečenie mexickej fiesty ... 204

NÁPOJ ... **207**

81. Šípkový mätový čaj ... 208
82. Pomarančová mätová čajová zmes ... 210

83. Slnečný čaj Verbena s citrónom 212
84. Limonáda s dehydrovaným citrusom 214

DEZERT 216

85. Apple Crisp s ovsenou polevou 217
86. Nízkotučný ananásový koláč 220
87. Kandizovaný zázvor 223
88. Ovsené figové sušienky 226

MARINÁDY 229

89. Cesnakový ranč dresing 230
90. Dresing z červenej cibule a koriandra 232
91. Dilly ranch krémový dresing 234
92. Hot cha cha dresing 236
93. Vinaigrette v cajunskom štýle 238
94. Horčičný vinaigrette 240
95. Zázvorový a paprikový vinaigrette 242
96. Citrusový vinaigrette 244
97. Biele korenie a klinček trieť 246
98. Chilli suché trieť 248
99. Zmes korenia Bourbon 250
100. Ľahké bylinkové octy 252

ZÁVER 254

ÚVOD

Počas stredoveku ľudia v Európe stavali miestnosti ako rozšírenie liehovarov, ktoré boli špeciálne navrhnuté na sušenie potravín teplom vnútorného ohňa. Jedlo bolo navlečené cez miestnosť, údené a sušené. Nedostatok slnečného svetla a suché dni znemožňovali sušenie potravín vonku a tieto špeciálne domy vyriešili problém pre ľudí žijúcich v chladnom a vlhkom podnebí.

V polovici 19. storočia bol vyvinutý proces, aby sa zelenina mohla sušiť pri 105 ° F a stlačiť do koláčov. Táto sušená zelenina bola vítaným zdrojom výživy pre námorníkov, ktorí trpeli dlhými cestami bez čerstvého jedla. Počas 2. svetovej vojny vojaci používali dehydrované jedlo ako odľahčenú dávku, keď slúžili na bojisku. Dnes ich poznáme ako „jedlá pripravené na konzumáciu" (MRE). Po vojne sa gazdinky neponáhľali zaradiť toto kompaktné, no často bez chuti, jedlo do svojho každodenného kuchárskeho režimu a dehydrované jedlo upadlo do nemilosti.

Ako prípravkár, ktorý je tiež záhradníkom, by som chcel, aby moje príprava zo špajze presahovala fazuľu, ryžu, pšenicu a vajcia v prášku. Dehydratácia mojej záhradnej odmeny vypĺňa medzeru po potravinách, ktoré sa nedajú zavárať, a mrazničke náchylnej na výpadky prúdu. Čistý zdroj vody a oheň sú jediné, čo stojí medzi mojou rodinou a teplým jedlom pripraveným z dehydrovaných surovín.

Táto kniha nie je len pre skúsených záhradníkov, svedomitých prípravkárov a odborných konzervátorov. Je pre každého, kto miluje čerstvé potraviny a chce mať podiel na ich konzervovaní. Na prispôsobenie sa dnešnému aktívnemu životnému štýlu musí dehydratácia ľahko zapadnúť do vašej každodennej rutiny, zabrať čo najmenej času a vyžadovať minimálne množstvo času na prípravu. Kombináciou hromadného nákupu s dávkovými konzervačnými reláciami, ako aj efektívnou sušičkou, môžete sušiť potraviny na každodenné použitie.

SIRUPY A ŽELÉ

1. Čučoriedkový bazalkový sirup

Výťažok: 3 šálky

Čas prípravy: 10 minút

Čas varenia: 10 minút

INGREDIENCIE

2 šálky dehydrovaných čučoriedok

2 šálky cukru

$\frac{1}{4}$ šálky sušených listov bazalky

$\frac{1}{8}$ lyžičky kyseliny askorbovej

INŠTRUKCIE

1. Ak chcete pripraviť čučoriedkový džús, uvarte dehydrované čučoriedky v $2\frac{1}{2}$ šálky vody na nereaktívnej panvici. Priveďte do varu a varte 10 minút, pričom ovocie počas varenia miešajte a drvte. Precedíme cez cedník, aby sme odstránili bobule. Odložte bobule.

2. Zmiešajte čučoriedkovú šťavu, cukor a lístky bazalky v hrnci a priveďte do varu. Znížte teplotu a varte 5 minút. Odstráňte akúkoľvek penu.

3. Hrniec odstavíme z ohňa a lístky bazalky precedíme.

4. Prípadne, ak máte radi v sirupe kúsky čučoriedok, vráťte precedený sirup do hrnca a pridajte bobule. Dusíme 2 minúty.

5. Odstráňte hrniec z ohňa a pridajte kyselinu askorbovú. Miešajte, aby sa spojili.

6. Hotový sirup nalejte do sterilizovaných pohárov, uzavrite a označte. Tento sirup sa môže použiť okamžite alebo sa môže skladovať vo fľašiach s výklopným uzáverom až rok s pridanou kyselinou askorbovou alebo 6 mesiacov bez nej. Zníženie obsahu cukru zníži trvanlivosť. Akékoľvek otvorené fľaše môžete uchovávať v chladničke až 2 týždne.

2. Pektín s citrusovou dreňou

Výťažok: 2 šálky

Čas prípravy: 5 minút

Čas varenia: 20 minút plus čas odpočinku

INGREDIENCIE

½ libry citrusovej drene a semien

¼ šálky citrusovej šťavy, ako je citrón

INŠTRUKCIE

1. Škrabkou na zeleninu odstráňte šupku z ovocia. Chráňte pokožku pred dehydratáciou.

2. Na odstránenie drene použite škrabku na zeleninu. Nasekajte dreň a spolu so semienkami odložte bokom.

3. Pridajte dreň, semená a citrusovú šťavu do stredného, nereaktívneho hrnca. Nechajte hrniec stáť hodinu.

4. Pridajte 2 šálky vody a nechajte ďalšiu hodinu odstáť.

5. Prísady hrnca priveďte do varu na silnom ohni. Znížte teplotu a varte 15 minút. Ochladí sa na teplotu miestnosti.

6. Vložte zmes do želé vrecka a nechajte odkvapkať. Stlačte, aby ste odstránili šťavu.

7. Uchovávajte extra pektín v mrazničke.

3. Želé z ružového grapefruitu

Výťažok: 2 šálky

Čas prípravy: 15 minút

Čas varenia: 30 minút

INGREDIENCIE

4 hrste dehydrovaných šupiek alebo koliesok ružového grapefruitu

2 šálky studenej vody

1½ šálky cukru

INŠTRUKCIE

1. Šupky alebo guľôčky grapefruitu vložte do veľkej misy a zakryte studenou vodou, kým nie sú tučné, asi 15 minút. Scedíme a necháme si grapefruitovú tekutinu.

2. Nakrájajte rehydratovaný grapefruit na malé kúsky.

3. Odmerajte ½ libry nasekaných kúskov grapefruitu a pridajte do nereaktívneho hrnca spolu s odloženou vodou a cukrom. Ak je to potrebné, pridajte dostatok vody na zakrytie kúskov grapefruitu. Varte, kým sa dôkladne neuvarí, 30 minút.

4. Scedíme cez želé vrecko. Nechajte mierne vychladnúť a vytlačte všetku tekutinu.

OMÁČKY A DRESINGY

4. Med naplnený zázvorom a citrónom

Výťažok: 1 šálka

Čas prípravy: 5 minút plus 2 týždne čakania

INGREDIENCIE

1 lyžica sušeného zázvoru

1 lyžička sušenej citrusovej kôry

1 šálka surového, nefiltrovaného, nepasterizovaného medu, mierne zohriateho

INŠTRUKCIE

1. Sušený zázvor a citrusy vložte do mlynčeka na kávu a nasekajte, aby sa uvoľnili aromatické chute.

2. Vložte zázvor a citrusy do čajového vrecúška alebo štvorca gázy a previažte povrázkom tak, aby vrecúško/sušička zostali zatvorené. (Vybrať sušené bylinky z medu je takmer nemožné.)

3. V pollitrovej nádobe nalejte tri štvrtiny mierne zohriateho medu na vrch vrecka s bylinkami. Pomocou paličky alebo špajle premiešajte med, odstráňte vzduchové bubliny a uistite sa, že vrecúško s bylinkami je úplne navlhčené.

4. Nádobu doplňte zvyšným medom. Pevne zaskrutkujte veko. Nádobu umiestnite mimo priameho slnečného žiarenia na miesto, kde budete môcť proces sledovať.

5. Nechajte arómy lúhovať 2 týždne. Ak máte problém s tým, že vrecúško s korením vypláva na povrch, otočte dózu hore dnom. To udrží chute ponorené a med tak jemne premieša.

6. Po 2 týždňoch vyberte čajové vrecúško a med uložte do špajze až na rok.

5. Medovo broskyňová BBQ omáčka

Výťažok: 1 šálka

Čas prípravy: 30 minút

Čas varenia: 20 minút

INGREDIENCIE

16 plátkov dehydrovaných broskýň alebo 1 šálka čerstvých nakrájaných broskýň

2 lyžice olivového oleja

1 šálka nakrájanej cibule

1 lyžička soli

1 lyžička chipotle prášku

$\frac{1}{4}$ lyžičky mletého kmínu

štipka nového korenia

$\frac{1}{4}$ šálky medu

4 lyžice jablčného octu

INŠTRUKCIE

1. Vložte broskyne do veľkej misy, zakryte teplou vodou a namočte na 30 minút. Vypustite a zlikvidujte namáčací roztok. Rehydratované broskyne nahrubo nasekáme. a odložiť.

2. Spodok stredného hrnca potrieme olivovým olejom. Na strednom ohni pridajte cibuľu a varte, kým nezmäkne a nezačne hnednúť, 5 minút.

3. Pridajte soľ, chipotle, rascu a nové korenie a varte, kým korenie nezavonia, asi 30 sekúnd.

4. Pridajte rehydratované broskyne, med a ocot a premiešajte, aby sa obalil.

5. Panvicu prikryte, zvýšte teplotu na stredne vysokú a varte, kým broskyne úplne nezmäknú a nerozpadnú sa, 15 minút.

6. Premiestnite do mixéra na pyré alebo použite ponorný mixér. Pridajte ďalší jablčný ocot pre redšiu omáčku.

6. Korenené hruškové maslo v pomalom sporáku

Výťažok: 3 šálky

Čas prípravy: 1 hodina

Čas varenia: 4 až 8 hodín

INGREDIENCIE

1 libra dehydrovaných rezov hrušiek

¼ šálky hnedého cukru

1 lyžica škorice

1 lyžička mletého zázvoru

½ lyžičky mletého muškátového orieška

INŠTRUKCIE

1. Dehydrované hrušky pridajte do pomalého hrnca a pridajte toľko vody, aby zakrylo ovocie. Pri odkrytej pokrievke varte pri nízkej teplote 1 hodinu, kým sa hrušky rehydratujú.

2. Pridajte zvyšné ingrediencie do pomalého hrnca, premiešajte, aby sa spojili, a prikryte.

3. Varte 4 hodiny pri vysokej teplote alebo 6 až 8 hodín pri nízkej teplote.

4. Na rozmixovanie zmesi použite ponorný mixér alebo ju preneste do mixéra a rozmixujte v malých dávkach.

5. Uchovávajte v chladničke maximálne 3 týždne.

7. Domáce pražené arašidové maslo

Výťažok: ½ šálky

Čas prípravy: 20 minút

Čas varenia: 5 minút

INGREDIENCIE

2 šálky dehydrovaných arašidov

med, podľa chuti

INŠTRUKCIE

1. Predhrejte rúru na 300 °F.

2. Rozložte arašidy nie viac ako ½ palca na plech na pečenie. Pražíme 20 minút. Pri správnom opečení budú jemne hnedé a budú mať chuť arašidov, orechovú a príjemnú, nie ako fazuľa.

3. V kuchynskom robote rozdrvte pražené arašidy, kým sa nevytvorí maslo, približne 5 minút. Oškrabte boky a pridajte med podľa chuti, spracujte ďalšiu minútu, kým nedosiahne požadovanú konzistenciu. Ak chcete redšie arašidové maslo, môžete pridať ďalší rastlinný alebo arašidový olej.

8. Krémový dresing na uhorkový šalát

Výťažok: 2 šálky

Čas prípravy: 15 minút

INGREDIENCIE

1 šálka dehydrovaných uhorkových lupienkov

½ šálky dehydrovanej zelenej cibule

½ lyžičky sušeného cesnaku

¾ šálky svetlej kyslej smotany

1 polievková lyžica svetlej majonézy

1 lyžica citrónovej šťavy

1 čajová lyžička sušeného kôpru, bazalky alebo petržlenu

INŠTRUKCIE

1. Vložte uhorkové lupienky a cibuľu do veľkej misy, zakryte studenou vodou a namočte na 15 minút. Vypustite a zlikvidujte namáčací roztok.

2. Rozmixujte rehydratovanú zeleninu a zvyšné ingrediencie v mixéri alebo v malom kuchynskom robote do hladka.

3. Ak je potrebné dresing zriediť, pridajte kvapku mlieka.

ZELENINA V PRÁŠKU

9. Paradajkový prášok

Výťažok: ⅔ šálka

Čas prípravy: 5 minút

INGREDIENCIE

1 šálka dehydrovaných paradajok, rozdelených

INŠTRUKCIE

1. V dávkach po ¼ šálky pomeľte dehydrované paradajky v kuchynskom robote, mixéri alebo mlynčeku na kávu, kým sa paradajky nevytvoria na prášok.

2. Preneste do sitka a pomocou špachtle pohybujte kúskami, kým prášok neprepadne cez sito.

10. Sladký zemiakový prášok

Výťažok: 2 šálky kaše, ½ šálky prášku

Čas prípravy: 60 minút

Čas varenia: 5 až 8 hodín

INGREDIENCIE

2 libry sladkých zemiakov

INŠTRUKCIE

1. Ošúpte sladké zemiaky alebo ponechajte šupku, aby ste získali dodatočnú nutričnú hodnotu. Nakrájajte na tenké pásiky. Varte 10 až 15 minút, kým sladké zemiaky nezmäknú, potom sceďte a nechajte si tekutinu na varenie. Prípadne pečieme celé a po uvarení nakrájame pásiky.

2. Batáty roztlačte na hladkú konzistenciu. V prípade potreby zriedime vodou, najlepšie tekutinou na varenie.

3. Rozložte ½ šálky zemiakovej kaše na každý plát Paraflexx, podnos s plastovým obalom alebo na pláty z ovocnej kože. Roztierajte VEĽMI tenko.

4. Sušte pri teplote 135 °F počas 4 až 6 hodín. Keď je vrch suchý, otočte pláty sladkých zemiakov, odstráňte obal z podnosu a v prípade potreby sušte spodnú stranu ďalšie 1 až 2 hodiny.

5. Zastavte sušenie, keď sú plátky sladkých zemiakov chrumkavé a výrobok sa rozpadá.

6. Spracujte na prášok pridaním dehydrovanej kôry sladkých zemiakov do mixéra alebo kuchynského robota a mixovaním.

11. Zelerová soľ

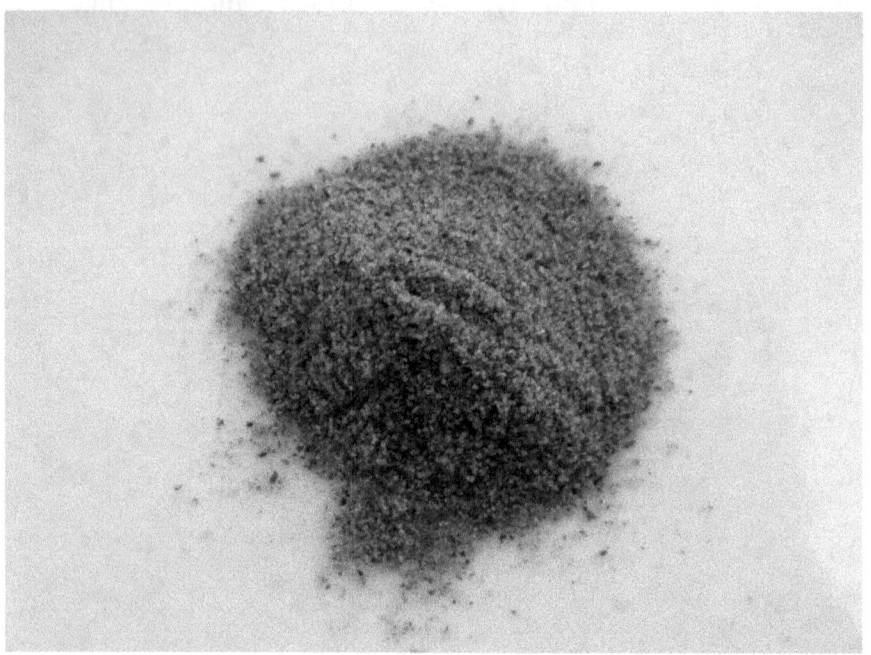

Výťažok: 1 šálka

Čas prípravy: 5 minút

INGREDIENCIE

½ šálky sušených stoniek a listov zeleru

½ šálky kóšer soli, plus viac podľa potreby

INŠTRUKCIE

1. Zeler pomelieme v mlynčeku na kávu alebo v kuchynskom robote, až kým nebude jemne mletý.

2. Pridajte kóšer soľ a minútu spracujte v krátkych dávkach, kým zmes nedosiahne požadovanú konzistenciu. Pohrajte sa s pomerom soli a zeleru podľa vašej chuti.

12. Zelená prášková zmes

Výťažok: 2 šálky prášku

Čas prípravy: 5 minút

Čas varenia: 4 až 8 hodín

INGREDIENCIE

6 šálok čerstvých špenátových listov

6 šálok čerstvých listov kelu

INŠTRUKCIE

1. Listy zeleniny nie je potrebné pred sušením orezávať; možno však budete chcieť odstrániť tvrdé rebrá, stonky a semená.

2. Zeleninu sušte pri 100°F a začnite kontrolovať suchosť po 4 hodinách. V závislosti od veľkosti listov a ich hrúbky to môže trvať až 8 hodín.

3. Po zaschnutí listy premasírujte medzi rukami, aby ste ich rozlámali na menšie kúsky. Kusy pomelte v kuchynskom robote, mixéri alebo mlynčeku na kávu, kým zeleň nedosiahne formu prášku. Prášok precedíme cez sitko. Znova premiešajte všetky veľké kusy, kým nie sú všetky práškové.

DEHYDROVANÉ OVOCIE

13. Strúhaný kokos

Výťažok: 2 až 3 šálky

Čas prípravy: 20 minút

Čas varenia: 6 až 10 hodín

INGREDIENCIE

1 malý čerstvý kokos, ošúpaný

INŠTRUKCIE

1. Do vrchnej časti kokosu urobte dieru a vypustite mlieko.

2. Pomocou kladiva rozlomte kokos na polovicu pozdĺž stredovej značky. Odstráňte tvrdý vonkajší obal.

3. Odstráňte mäkkú vonkajšiu membránu pomocou škrabky na zeleninu alebo ostrého noža.

4. Čerstvé kokosové mäso nastrúhame na viacero spôsobov.

5. Malé a stredné kúsky sušte na podnose sušičky pri 110 °F po dobu 6 až 8 hodín. Dokončenie hrubých kokosových kúskov môže trvať až 10 hodín.

14. Kokosová múka

Výťažok: ½ šálky

Čas prípravy: 5 minút

Čas varenia: 2 až 4 hodiny

INGREDIENCIE

1 šálka strúhaného kokosu (strana 96)

2 šálky vody

INŠTRUKCIE

1. Nastrúhaný kokos vložte do mixéra s 2 šálkami vody. Spracovávame na vysokej úrovni, kým nie je kokos nasekaný nadrobno.

2. Preceďte mlieko cez želé vrecko; uložiť na pitie.

3. Vezmite dužinu, rozložte ju na dehydrátor Paraflexx a vysušte ju pri teplote 110 °F počas 2 až 4 hodín.

4. Po vysušení spracujte dehydrovanú dužinu na jemný prášok. Táto kokosová múka bude mať menej tuku a pri použití v receptoch vyžaduje viac vody alebo vajec.

Obmena: Vodu môžete vynechať a strúhaný kokos spracovať po malých dávkach v mixéri, kým nedosiahne konzistenciu jemného prášku. Táto múka má vyšší obsah tuku a v receptoch nebude taká vysušujúca.

15. Jahodovo banánové rolky

Výdatnosť: 3 veľké podnosy, 24 roliek

Čas prípravy: 10 minút

Čas varenia: 6 až 8 hodín

INGREDIENCIE

2 libry jahôd, lúpaných

3 stredne veľké zrelé banány

med (voliteľné)

voda alebo ovocná šťava podľa potreby

INŠTRUKCIE

1. Jahody nakrájajte na štvrtiny a potom pridajte do mixéra.

2. Rozdeľte banány na 2-palcové kúsky a potom ich pridajte do mixéra.

3. Ak chcete, pridajte med podľa chuti.

4. Podľa pokynov bez varenia pre ovocnú kožu na strane 38 rozmixujte ovocie do hladka. Podľa potreby pridajte vodu alebo šťavu po 1 polievkovej lyžici, aby sa zmes zriedila.

5. Podnosy sušičky zakryte plastovým podnosom z kože na ovocie alebo plastovým obalom. Lyžicou naneste zmes v rovnakých množstvách na podnosy sušičky. Zakryte krytmi podnosov alebo plastovou fóliou. Sušte pri teplote 125 °F po dobu 6 až 8 hodín.

16. Koža škorica jablko

Výdatnosť: 4 veľké podnosy, 36 roliek

Čas prípravy: 40 minút

Čas varenia: 6 až 10 hodín

INGREDIENCIE

8 sladkých jabĺk, ošúpaných a zbavených jadier

1 šálka vody

mletá škorica, podľa chuti

2 lyžice citrónovej šťavy

cukor podľa chuti (voliteľné)

INŠTRUKCIE

1. Jablká nahrubo nakrájame. Pridajte jablká a vodu do veľkého hrnca. Prikryjeme a na miernom ohni dusíme 15 minút.

2. V hrnci roztlačte jablká, potom pridajte škoricu, citrónovú šťavu a cukor, ak používate. Dusíme 10 minút.

3. Nechajte zmes vychladnúť, potom dajte malé dávky jabĺk cez mixér alebo mlynček na potraviny, kým sa nevytvorí konzistentné pyré.

4. Podnosy sušičky zakryte plastovým podnosom z kože na ovocie alebo plastovým obalom. Rozložte pyré na podnosy sušičky, aby ste vytvorili vrstvu hrubú $\frac{1}{4}$ palca. Zakryte krytmi podnosov

alebo plastovou fóliou. Sušte pri teplote 125 °F po dobu 6 až 10 hodín.

17. Kožený tekvicový koláč

Výdatnosť: 3 veľké podnosy, 24 roliek

Čas prípravy: 5 až 20 minút, ak používate konzervovanú tekvicu; 40 až 60 minút na čerstvú tekvicu

Čas varenia: 8 až 10 hodín

INGREDIENCIE

1 (29 uncí) tekvica alebo 3 šálky čerstvej tekvice, varenej a pyré

¼ šálky medu

¼ šálky jablkového pyré

2 lyžičky mletej škorice

½ lyžičky mletého muškátového orieška

½ lyžičky mletých klinčekov

½ lyžičky mletého zázvoru

INŠTRUKCIE

1. Zmiešajte všetky ingrediencie vo veľkej mise, kým sa nevytvorí pyré.

2. Podnosy sušičky zakryte plastovým podnosom z kože na ovocie alebo plastovým obalom. Rozložte pyré na podnosy sušičky, aby ste vytvorili vrstvu hrubú ¼ palca. Zakryte krytmi podnosov

alebo plastovou fóliou. Sušte pri teplote 130 °F po dobu 8 až 10 hodín.

18. Pizza zmes z paradajkovej kože

Výdatnosť: 2 veľké podnosy, 16 roliek

Čas prípravy: 40 minút

Čas varenia: 8 až 12 hodín

INGREDIENCIE

1 libra paradajok zbavených jadier a nakrájaných na štvrtiny

½ lyžice zmesi na korenie na pizzu (voliteľné)

INŠTRUKCIE

1. Paradajky varte v zakrytom strednom hrnci na miernom ohni 15 až 20 minút. Odstráňte z tepla a nechajte niekoľko minút vychladnúť.

2. Uvarené paradajky rozmixujte na pyré v mixéri alebo kuchynskom robote, kým nebudú hladké. Pridajte korenie, ak používate, a premiešajte.

3. Pyré vrátime do hrnca a zohrievame, kým sa voda neodparí a omáčka nezhustne.

4. Podnosy sušičky zakryte plastovým podnosom z kože na ovocie alebo plastovým obalom. Rozložte paradajkový pretlak na podnosy sušičky, aby ste vytvorili vrstvu hrubú ¼ palca. Zakryte krytmi podnosov alebo plastovou fóliou. Sušte pri teplote 135 °F po dobu 8 až 12 hodín.

19. Zmes rastlinnej kože

Výdatnosť: 1 veľký podnos, 8 roliek

Čas prípravy: 40 minút

Čas varenia: 4 až 8 hodín

INGREDIENCIE

2 šálky paradajok zbavených jadier a nakrájaných na kúsky

1 malá cibuľa, nakrájaná

$\frac{1}{4}$ šálky nakrájaného zeleru

1 vetvička bazalky

soľ, podľa chuti

INŠTRUKCIE

1. Všetky ingrediencie varte v zakrytom strednom hrnci na miernom ohni 15 až 20 minút. Odstráňte z tepla a nechajte niekoľko minút vychladnúť.

2. Pridajte do mixéra a rozmixujte dohladka.

3. Pyré vrátime do hrnca a zohrievame, kým sa voda neodparí a omáčka nezhustne.

4. Podnosy sušičky zakryte plastovým podnosom z kože na ovocie alebo plastovým obalom. Rozložte pyré na podnosy sušičky, aby ste vytvorili vrstvu hrubú $\frac{1}{4}$ palca. Zakryte krytmi podnosov alebo plastovou fóliou. Sušte pri teplote 135 °F, kým nie je

ohybná (na zábal), asi 4 hodiny alebo do chrumkava (na použitie v polievkach a kastróloch), 6 až 8 hodín.

20. Paradajkové zábaly

Výdatnosť: 2 veľké podnosy, 6 obalov

Čas prípravy: 5 minút

Čas varenia: 4 hodiny

INGREDIENCIE

2 libry paradajok zbavených jadier a nakrájaných

korenie, podľa chuti

INŠTRUKCIE

1. Čerstvé paradajky rozmixujte v mixéri alebo kuchynskom robote na pyré.

2. Pridajte korenie podľa želania.

3. Podnosy sušičky zakryte plastovým podnosom z kože na ovocie alebo plastovým obalom. Rozložte pyré na podnosy sušičky, aby ste vytvorili vrstvu hrubú $\frac{1}{4}$ palca. Zakryte krytmi podnosov alebo plastovou fóliou. Vysušte pri teplote 125 °F, kým nie je ohybná a dá sa vybrať z podnosov, ale nie chrumkavá, asi 4 hodiny.

KORENIACIE ZMESI

21. Zmes korenia Cajun

Výťažok: 1½ šálky

INGREDIENCIE

¼ šálky cesnakového prášku

¼ šálky kosher alebo morskej soli

½ šálky papriky

2 lyžice papriky

2 lyžice cibuľového prášku

2 polievkové lyžice sušeného oregana

1 lyžica sušeného tymiánu

1 polievková lyžica kajenského prášku (voliteľné)

INŠTRUKCIE

Zmiešajte všetky ingrediencie do nádoby s dostatočným priestorom na premiešanie ingrediencií.

22. Zmes korenia na steaky

INGREDIENCIE

2 lyžice hrubej soli

1 lyžica papriky

1 lyžica koriandra

1 lyžica horčičného semena

½ lyžice kôprových semien

½ lyžičky vločiek červenej papriky

INŠTRUKCIE

Zmiešajte a prejdite cez mlynček na korenie alebo mlynček na kávu, aby ste získali prášok. Použite ½ polievkovej lyžice na 1½ libry mäsa.

23. Zmes korenia na pizzu

INGREDIENCIE

1½ lyžičky sušenej bazalky

1½ čajovej lyžičky sušeného oregana

1½ lyžičky sušenej cibule

1½ lyžičky sušeného rozmarínu

½ lyžičky sušeného tymiánu

½ lyžičky cesnakového prášku

½ lyžičky soli

½ lyžičky vločiek červenej papriky

INŠTRUKCIE

Zmiešajte a prejdite cez mlynček na korenie alebo mlynček na kávu, aby ste získali prášok. Použite ½ polievkovej lyžice na libru paradajok.

24. Kreolská zmes korenia

Výťažok: asi ½ šálky

INGREDIENCIE

1 lyžica cibuľového prášku

1 lyžica cesnakového prášku

1 lyžica sušenej bazalky

½ lyžičky sušeného tymiánu

½ lyžičky čierneho korenia

½ lyžičky bieleho korenia

½ lyžičky kajenského korenia

2 ½ lyžičky papriky

1½ lyžičky soli

INŠTRUKCIE

Zmiešajte cibuľový prášok, cesnakový prášok, sušenú bazalku, sušený tymián, korenie, papriku a soľ v malej miske. Dôkladne premiešame.

25. Bylinkové korenie

Výťažok: 1 porcia

INGREDIENT

½ lyžičky mletej feferónky

1 polievková lyžica Cesnakový prášok

1 lyžička Každá sušená bazalka, sušená Majorán, sušený tymian, sušený petržlen,

Sušené slané, muškátový mušt, cibuľa Prášok, čerstvo namletý čierny korenie, Šalvia v prášku.

INŠTRUKCIE:

Zmiešajte ingrediencie , skladujte vo vzduchotesnej nádobe na chladnom, suchom a tmavom mieste až šesť mesiacov.

26. Etiópska bylinná zmes (berbere)

Výťažok: 1 porcia

INGREDIENT

2 čajové lyžičky celých semien rasce

4 celé klinčeky

¾ lyžičky Semená čierneho kardamónu

½ lyžičky Celé zrnká čierneho korenia

¼ lyžičky Celé nové korenie

1 lyžička Semená senovky gréckej

½ lyžičky Celé semená koriandra

10 malých sušených červených čili papričiek

½ lyžičky Strúhaný zázvor

¼ lyžičky Kurkuma

2½ lyžice sladkej maďarskej papriky

⅛ lyžičky škorice

⅛ lyžičky Mleté klinčeky

INŠTRUKCIE:

V malej panvici na miernom ohni opekajte rascu, klinčeky, kardamón, korenie, nové korenie, senovku grécku a koriander asi 2 minúty za stáleho miešania

Odstráňte z tepla a ochlaďte 5 minút. Vyhoďte stonky z čili. V mlynčeku na korenie alebo v mažiari najemno pomelieme opečené korenie a čili.

Vmiešame zvyšné ingrediencie .

27. Zmes na bylinkový šalát

Výťažok: 1 porcia

INGREDIENT

¼ šálky petržlenových vločiek

2 polievkové lyžice každého sušeného oregana, bazalky a majoránu, rozdrveného

2 lyžice Cukor

1 lyžica semien feniklu, drvených

1 lyžica suchej horčice

1½ lyžičky čierneho korenia

INŠTRUKCIE:

Vložte všetky ingrediencie do 1-litrovej nádoby, pevne zakryte a dobre pretrepte, aby sa premiešali. Skladujte na chladnom, tmavom a suchom mieste

Na prípravu 1 šálky bylinkového dresingu vinaigrette: V malej miske rozšľahajte 1 polievkovú lyžicu zmesi dresingu na bylinkový šalát, ¾ šálky teplej vody, 2½ polievkovej lyžice estragónového octu alebo bieleho vínneho octu, 1 polievkovú lyžicu olivového oleja a 1 pretlačený strúčik cesnaku.

Ochutnajte a pridajte ¼ až ½ čajovej lyžičky zmesi na dresing na bylinkový šalát, ak chcete výraznejšiu chuť. Pred použitím nechajte odstáť pri izbovej teplote aspoň 30 minút a potom znova šľahajte.

28. Miešaný bylinkový ocot

Výťažok: 1 porcia

Zložka

- 1 pinta Červený vínny ocot
- 1 kus jablčného octu
- 2 Olúpané, rozpolené strúčiky cesnaku
- 1 konár estragónu
- 1 vetvička tymiánu
- 2 vetvičky čerstvého oregana
- 1 malá stonka sladkej bazalky
- 6 zrniek čierneho korenia

Inštrukcie:

Nalejte červené víno a jablčný ocot do litrovej nádoby. Pridajte cesnak, bylinky, korenie a kryt. Necháme tri týždne odstáť na chladnom mieste mimo slnka. Občas pretrepte. Nalejte do fliaš a zastavte korkom.

29. Miešané bylinkové pesto

Výťažok: 1 porcia

INGREDIENT

1 šálka Balená čerstvá plochá petržlenová vňať

½ šálky balených čerstvých listov bazalky;

1 lyžica lístkov čerstvého tymiánu

1 polievková lyžica čerstvých listov rozmarínu

1 lyžica čerstvých listov estragónu

½ šálky čerstvo nastrúhaného parmezánu

⅓ šálky olivového oleja

¼ šálky vlašských orechov; opečené dozlatista

1 lyžica balzamikového octu

INŠTRUKCIE:

V kuchynskom robote rozmixujte všetky ingrediencie so soľou a korením podľa chuti do hladka. (Pesto vydrží, povrch pokrytý plastovým obalom, chladené, 1 týždeň.)

30. Horčicovo-bylinková marináda

Výťažok: 1 porcia

INGREDIENT

½ šálky dijonskej horčice

2 lyžice suchej horčice

2 lyžice rastlinného oleja

¼ šálky suchého bieleho vína

2 lyžice sušeného estragónu

2 lyžice sušeného tymiánu

2 lyžice sušenej šalvie, drvenej

INŠTRUKCIE:

Zmiešajte všetky ingrediencie v miske. Nechajte stáť 1 hodinu. Pridajte kuracie mäso alebo rybu a dobre obaľte. Necháme postáť v marináde. Osušte papierovými utierkami

Zvyšnú marinádu použite na potretie ryby alebo kuracieho mäsa tesne pred vybratím z grilu.

31. Dezertná bylinková omáčka

Výťažok: 1 porcia

INGREDIENT

⅓ šálky ťažkej smotany

¾ šálky cmaru

1 lyžička strúhanej citrónovej kôry

¼ lyžičky mletého zázvoru

⅛ lyžičky mletého kardamónu

¼ šálky Garam masala, nového korenia alebo

Muškátový oriešok

INŠTRUKCIE:

Šľahačku šľahajte v stredne veľkej vychladenej miske, kým sa nevytvoria mäkké vrcholy.

ingrediencie spolu zmiešame v malej miske a jemne vmiešame do krému. Omáčka by mala mať konzistenciu hustej smotany.

32. Dresing z citrusových bylín

Výťažok: 1 porcia

INGREDIENT

½ stredne veľkej červenej papriky,

2 stredné paradajky, nakrájané

½ šálky voľne balenej čerstvej bazalky

2 strúčiky cesnaku, mleté

½ šálky čerstvej pomarančovej šťavy

½ šálky Voľne balené čerstvé Petržlen

¼ šálky malinového octu

1 lyžica suchej horčice

2 čajové lyžičky lístkov čerstvého tymiánu

2 čajové lyžičky čerstvého estragónu

2 čajové lyžičky čerstvého oregana

Mleté čierne korenie

INŠTRUKCIE:

Skombinujte všetky ingrediencie v mixéri alebo kuchynskom robote a mixujte, kým nevznikne pyré.

33. Cottage-bylinkový dresing

Výťažok: 6 porcií

INGREDIENT

1 polievková lyžica Mlieko

12 uncí tvarohu

1 lyžička citrónovej šťavy

1 malý plátok cibule - tenký

3 reďkovky - na polovicu

1 lyžička miešaných šalátových bylín

1 vetvička petržlenu

¼ lyžičky soli

INŠTRUKCIE:

Mlieko, tvaroh a citrónovú šťavu dáme do nádoby mixéra a rozmixujeme do hladka. Pridajte zvyšné ingrediencie do tvarohovej zmesi a miešajte, kým nie je všetka zelenina nakrájaná.

34. Zmes provensálskych bylín

Výťažok: 1 porcia

INGREDIENT

½ šálky sušeného celého tymiánu

¼ šálky celej sušenej bazalky

2 polievkové lyžice celé sušené oregano

2 polievkové lyžice celého sušeného rozmarínu

INŠTRUKCIE:

Korenie spolu dôkladne premiešame. Skladujte vo vzduchotesnej nádobe

35. Olejová a bylinková marináda

Výťažok: 1 porcia

INGREDIENT

Šťava a kôra z 1 pomaranča

$\frac{1}{4}$ šálky citrónovej šťavy

$\frac{1}{4}$ šálky rastlinného oleja

$\frac{1}{2}$ lyžičky zázvoru

$\frac{1}{2}$ lyžičky šalvie

1 strúčik cesnaku, mletý

Čerstvo mleté korenie

INŠTRUKCIE:

Spojte ingrediencie . Nechajte mäso marinovať v plytkej sklenenej nádobe 4 hodiny v chladničke. Počas grilovania alebo grilovania potierajte marinádou.

36. Ľahké bylinkové octy

Výťažok: 1 porcia

INGREDIENT

4 vetvičky čerstvého rozmarínu

INŠTRUKCIE:

Ak chcete pripraviť bylinkový ocot, vložte opláchnuté a sušené bylinky a akékoľvek korenie do sterilizovanej 750 ml fľaše na víno a pridajte asi 3 šálky octu, pričom naplňte vrch do $\frac{1}{4}$ palca. Zastavte s novým korkom a odložte na 2 až 3 týždne na lúhovanie. Ocot má trvanlivosť minimálne 1 rok.

S červeným vínnym octom použite: 4 vetvičky čerstvej petržlenovej vňate, 2 polievkové lyžice čierneho korenia

37. Šťovkovo-pažítkové pesto

Výťažok: 1 porcia

INGREDIENT

1 šálka šťavela

4 lyžice šalotky; jemne mletý

4 lyžice píniových oriešok; zem

3 lyžice petržlenu; nasekané

3 lyžice pažítky; nasekané

Nastrúhaná kôra zo 4 pomarančov

¼ cibuľa, červená; nasekané

1 lyžica horčice, suchá

1 lyžička Soľ

1 lyžička čierneho korenia

1 štipka korenie, kajenské korenie

¾ šálky oleja. olivový

INŠTRUKCIE:

Šťavel, šalotku, píniové oriešky, petržlenovú vňať, pažítku, pomarančovú kôru a cibuľu rozmixujte v kuchynskom robote alebo mixéri.

Pridajte suchú horčicu, soľ, korenie a kajenské korenie a znova premiešajte. POMALY kvapkajte olej, kým sa čepeľ pohybuje.

Premiestnite do pohárov z tvrdeného skla .

38. Uhorkový bylinkový dresing

Výťažok: 12 porcií

INGREDIENT

½ šálky petržlenu

1 lyžica čerstvého kôpru, mletého

1 lyžička Čerstvý estragón, mletý

2 polievkové lyžice koncentrátu jablkovej šťavy

1 stredná uhorka, olúpaná, zbavená semienok

1 strúčik cesnaku, mletý

2 zelené cibule

1½ lyžičky bieleho vínneho octu

½ šálky nízkotučného jogurtu

¼ lyžičky dijonská horčica

INŠTRUKCIE:

Zmiešajte všetky ingrediencie okrem jogurtu a horčice v mixéri. Rozmixujte do hladka, vmiešajte jogurt a horčicu. Uchovávajte v chladničke

39. Bylinkový pekanový trieť

Výťažok: 1 porcia

INGREDIENT

½ šálky pekanových orechov - rozbité

3 strúčiky cesnaku - nakrájajte

½ šálky čerstvého oregana

½ šálky čerstvého tymiánu

½ lyžičky citrónovej kôry

½ lyžičky čierneho korenia

¼ lyžičky soli

¼ šálky oleja na varenie

INŠTRUKCIE:

V mixéri alebo kuchynskom robote zmiešajte všetky ingrediencie OKREM oleja.

Prikryte a niekoľkokrát premiešajte, zoškrabte strany, kým sa nevytvorí pasta.

Pri spustenom stroji postupne pridávajte olej, kým zmes nevytvorí pastu.

Natrieme na ryby alebo kuracie mäso.

40. Zesty bylinkový dresing

Výťažok: 1

INGREDIENT

¾ šálky šťavy z bieleho hrozna; alebo jablkový džús

¼ šálky bieleho vínneho octu

2 polievkové lyžice práškového ovocného pektínu

1 lyžička dijonskej horčice

2 strúčiky cesnaku; rozdrvený

1 lyžička sušených cibuľových vločiek

½ lyžičky sušenej bazalky

½ čajovej lyžičky sušeného oregana

¼ lyžičky čierneho korenia; hrubo mletý

INŠTRUKCIE:

V malej miske zmiešajte hroznovú šťavu, ocot a pektín; miešame, kým sa pektín nerozpustí. Vmiešajte horčicu a zvyšné prísady ; dobre premiešame. Uchovávajte v chladničke

41. Cesnakovo-citrónovo-bylinkové potieranie

Výťažok: 1 porcia

INGREDIENT

¼ šálky cesnaku; mletý

¼ šálky citrónovej kôry; strúhaný

½ šálky petržlenu; čerstvé, nakrájané nadrobno

2 polievkové lyžice tymianu; čerstvé nasekané

2 lyžice rozmarínu

2 polievkové lyžice šalvie; čerstvé, nasekané

½ šálky olivového oleja

INŠTRUKCIE:

V malej miske zmiešajte ingrediencie a dobre premiešajte. Použite v deň miešania.

42. Dolce latte bylinkový dip

Výťažok: 6 porcií

INGREDIENT

450 mililitrov kyslej smotany

150 gramov dolce latte; rozpadol sa

1 lyžica citrónovej šťavy

4 lyžice majonézy

2 lyžice jemnej kari pasty

1 červená paprika; nakrájané na kocky

1 50 gramov plnotučného mäkkého syra; (2 oz.)

1 malá cibuľa; jemne nakrájané na kocky

2 polievkové lyžice zmiešaných bylín

2 lyžice paradajkového pretlaku

Soľ a čerstvo mleté čierne korenie

Zeleninové crudités a plátky pita chleba

INŠTRUKCIE:

Rozdeľte kyslú smotanu medzi 3 malé misky. Do jednej misky dáme dolce latté a citrónovú šťavu, do druhej 2 lyžice majonézy , kari pastu a červenú papriku. Do tretej misky pridáme plnotučný mäkký syr, cibuľu, bylinky a paradajkový pretlak .

Do každej misky pridajte korenie podľa chuti a dobre premiešajte. Dipy preložíme do servírovacích misiek a podávame vychladené so zeleninovým crudités a nakrájaným pita chlebom.

43. Zmes francúzskych bylín

Výťažok: 2 šálky

INGREDIENT

½ šálky estragónu

½ šálky žeruchy

2 polievkové lyžice šalviových listov

½ šálky tymianu

2 lyžice rozmarínu

5 lyžíc pažítky

2 polievkové lyžice pomarančovej kôry, vysušenej

2 lyžice zelerových semienok, mleté

INŠTRUKCIE:

Všetko zložte a miešajte, kým sa dobre nespojí. Zabaľte do malých téglikov a označte

Pri použití rozdrobte korenie v ruke.

Korenie merajte podľa objemu, nie podľa hmotnosti, kvôli veľkému kolísaniu obsahu vlhkosti.

44. Bylinkové a koreninové maslo

Výťažok: 1 porcia

INGREDIENT

8 lyžíc zmäknutého masla

2 lyžice čerstvého rozmarínu, nasekaného

1 polievková lyžica Čerstvý estragón, nasekaný

1 polievková lyžica čerstvá pažítka, nasekaná

1 polievková lyžica kari

INŠTRUKCIE:

Zmäknuté maslo vyšľaháme do krémova. Primiešame zvyšné ingrediencie .

Maslo položte na voskovaný papier a pomocou plochého noža z neho vyformujte valček.

Maslo nechajte v chladničke odpočívať aspoň dve hodiny, aby maslo úplne absorbovalo chuť byliniek.

45. Bylinkový zeleninový dresing

Výťažok: 1 porcia

INGREDIENT

½ čajovej lyžičky čerstvej petržlenovej vňate

½ lyžičky čerstvého estragónu

½ čajovej lyžičky čerstvej pažítky

½ čajovej lyžičky čerstvej žeruchy

3 lyžice vínneho octu

9 lyžíc olivového oleja

1 lyžička dijonskej horčice

½ lyžičky Soľ

½ lyžičky čierneho korenia

INŠTRUKCIE:

Nasekajte čerstvé bylinky, niekoľko listov si nechajte na ozdobu.

Vložte všetky ingrediencie do malej misky a energicky šľahajte drôtenou metličkou, kým sa dobre nezmiešajú.

Ozdobte čerstvými listami a ihneď podávajte.

46. Slaninový, paradajkový a bylinkový dip

Výťažok: 1 porcia

INGREDIENT

1 nádoba; (16 oz.) kyslá smotana

1 lyžica bazalky

1 polievková lyžica korenia Beau Monde

1 stredná paradajka

8 plátkov Slanina uvarená a rozdrobená

INŠTRUKCIE:

V strednej miske zmiešajte všetky ingrediencie , kým sa dobre nezmiešajú. Prikryte a chladte 2 hodiny alebo cez noc.

47. Cesnaková bylinková nátierka

Výťažok: 8 porcií

INGREDIENT

1 Hlavový cesnak

4 sušené paradajky; nebalené v oleji

1 šálka odtučneného jogurtového syra

½ lyžičky javorového sirupu

2 lyžice čerstvej bazalky; nasekané

½ lyžičky vločiek červenej papriky

¼ lyžičky morskej soli; čerstvo pomleté

Bochník talianskeho chleba; nakrájané na plátky; voliteľné

INŠTRUKCIE:

Zabaľte hlavu cesnaku do hliníkovej fólie a pečte v predhriatej 375 F rúre 35 minút.

Sušené paradajky privedieme do varu v malom množstve vody. Nechajte 15 minút postáť a potom sceďte na papierovej utierke. Sušené jemne nasekajte.

Všetky suroviny okrem chleba zmiešame drôtenou metličkou. Nechajte pôsobiť aspoň 30 minút.

48. Chevre s bylinkovou nátierkou

Výťažok: 8 porcií

INGREDIENT

4 unce obyčajného smotanového syra

4 unce Chevre

Čerstvé bylinky - podľa chuti

INŠTRUKCIE:

Ak používate svoje vlastné bylinky, rozmarín, estragón a letné pikantné sú dobrou voľbou, samostatne alebo v kombinácii.

Nátierku použite na plnenie snehu alebo cukrového hrášku, natierajte na kolieska uhorky alebo cukety, sladké sušienky, vodové sušienky alebo mierne opečené miniatúrne bagety.

HOVÄDZIE MÄSO

49. My Classic Beef Jerky

Výťažok: ¾ libry

Čas prípravy: 15 minút plus cez noc

Čas varenia: 5 až 8 hodín

INGREDIENCIE

1½ libry chudého hovädzieho mäsa

2 šálky bieleho octu

Klasický hovädzí nálev

¼ šálky sójovej omáčky

⅓ šálky worcesterskej omáčky

1 polievková lyžica barbecue omáčky

½ lyžičky papriky

½ lyžičky soli

½ lyžičky cibule

½ lyžičky cesnaku

INŠTRUKCIE

1. Hovädzie mäso nakrájajte na ¼-palcové plátky.

2. V stredne veľkej miske ošetrite plátky hovädzieho mäsa 10 minút bielym octom. Scedíme a biely ocot zlikvidujeme.

3. Pridajte odkvapkané plátky hovädzieho mäsa a prísady soľanky do 1-galónového vrecka so zipsom. V prípade potreby pridajte vodu, aby bolo mäso úplne zakryté. Namočte cez noc do chladničky.

4. Nasledujúci deň sceďte soľanku, rozložte mäso tak, aby sa kusy nedotýkali, a dehydrujte pri 160 °F počas 5 až 8 hodín, kým nebude chrumkavé, ale ohybné.

Teriyaki soľanka: Pre ázijský nálev použite tieto ingrediencie: ⅔ šálky teriyaki omáčky, 1 polievková lyžica sójovej omáčky, ½ šálky vody alebo ananásovej šťavy, ½ čajovej lyžičky cibuľového prášku, ½ čajovej lyžičky čerstvého cesnaku, ½ čajovej lyžičky soli a ½ čajovej lyžičky korenia .

Pikantný cajunský nálev: Ak máte radi pikantné, vyskúšajte cajunský nálev: ½ šálky balzamikového octu, ⅓ šálky worcesterskej omáčky, ⅓ šálky vody, 1 lyžica melasy, 1 lyžica Cajunského korenia, 1 lyžička údenej papriky, ½ lyžičky soli, ½ lyžičky korenia, a ¼ čajovej lyžičky kajenského prášku.

50. Hovädzí steak Jerky

Výťažok: ¾ libry

Čas prípravy: 15 minút plus cez noc

Čas varenia: 5 až 8 hodín

INGREDIENCIE

1½ libry chudého hovädzieho mäsa

2 šálky bieleho octu

Hovädzí steak soľanka

¼ šálky balzamikového octu

⅓ šálky worcesterskej omáčky

1 lyžica melasy

1 polievková lyžica zmesi na korenie na steaky (pozri recept nižšie)

1 lyžička čerstvého cesnaku

1 lyžička cibuľového prášku

INŠTRUKCIE

1. Hovädzie mäso nakrájajte na ¼-palcové plátky.

2. V stredne veľkej miske ošetrite plátky hovädzieho mäsa 10 minút bielym octom. Scedíme a biely ocot zlikvidujeme.

3. Pridajte odkvapkané plátky hovädzieho mäsa a prísady soľanky do 1-galónového vrecka so zipsom. V prípade potreby pridajte vodu, aby bolo mäso úplne zakryté. Namočte cez noc do chladničky.

4. Nasledujúci deň sceďte soľanku, rozložte mäso tak, aby sa kusy nedotýkali, a dehydrujte pri 160 °F počas 5 až 8 hodín, kým nebude chrumkavé, ale ohybné.

POLIEVKA

51. Karfiolová polievka

Výťažok: 6 šálok

Čas prípravy: 40 minút

Čas varenia: 15 minút

INGREDIENCIE

2 šálky dehydrovaného karfiolu

$\frac{1}{8}$ šálky dehydrovanej cibule

$\frac{1}{8}$ šálky dehydrovaného zeleru

2 plátky sušeného cesnaku

$2\frac{1}{2}$ šálky vody

$\frac{1}{8}$ šálka quinoa

4 šálky zeleninového vývaru

korenie, podľa chuti

soľ, podľa chuti

korenie, podľa chuti

INŠTRUKCIE

1. Vložte karfiol, cibuľu, zeler a cesnak do veľkej misy a zalejte $2\frac{1}{2}$ šálky vriacej vody. Namáčajte, kým zelenina nie je takmer rehydratovaná, asi 30 minút. Vypustite a zlikvidujte namáčací roztok.

2. Do veľkého hrnca pridajte zeleninu, quinou, zeleninový vývar, soľ, korenie a korenie podľa chuti. Varte na miernom ohni 15 minút, kým karfiol a quinoa nie sú mäkké a úplne uvarené.

3. Odstráňte z tepla a nalejte malé dávky do mixéra, aby ste ich rozmixovali. Buďte opatrní – bude veľmi horúco. Miešajte do hladka 45 až 60 sekúnd.

52. Špargľová polievka

Výťažok: 6 šálok

Čas prípravy: 10 minút

Čas varenia: 20 minút

INGREDIENCIE

2 šálky dehydrovanej špargle

1 šálka vody

2 lyžice masla alebo extra panenského olivového oleja

½ lyžičky sušenej bazalky alebo 10 nasekaných lístkov čerstvej bazalky

4 šálky kuracieho vývaru alebo vývaru

soľ a korenie, podľa chuti

INŠTRUKCIE

1. Vložte špargľu s vodou do hrnca a na miernom ohni duste 5 až 10 minút, kým kúsky špargle nie sú kypré. Sceďte a odložte tekutinu zo špargle.

2. Pridajte špargľu, maslo a bazalku do hrnca pri strednej teplote, kým sa maslo neroztopí, asi 1 minútu.

3. Do hrnca pridajte kurací vývar a špargľovú vodu a zohrejte na maximum, kým zmes nepríde do varu. Znížte teplotu a varte 10 minút. Odstráňte z tepla a ochlaďte asi 5 minút.

4. Po malých dávkach nalejte teplú polievku do mixéra a rozmixujte na požadovanú štruktúru. Po vytvorení pyré preneste malé dávky do veľkej misy, aby zostali oddelené. Rád si nechám niekoľko dávok mixéra s väčšími kúskami, aby mala polievka textúru.

5. Vráťte zmes do hrnca a pridajte soľ a korenie podľa chuti.

53. Termoska zeleninová polievka

Výťažok: 2 šálky

Čas prípravy: 5 minút

Čas varenia: 4 hodiny

INGREDIENCIE

⅓ šálky sušenej zeleniny

¼ lyžičky sušenej petržlenovej vňate

¼ lyžičky sušenej bazalky

štipka cesnakového prášku

štipka cibuľového prášku

soľ a korenie, podľa chuti

1 polievková lyžica špagiet, nakrájaných na malé kúsky

2 šálky vriaceho kuracieho alebo hovädzieho vývaru

INŠTRUKCIE

1. Prázdnu termosku naplňte vriacou vodou. Tesne predtým, ako zabalíte ingrediencie do termosky, vylejte horúcu vodu.

2. Do termosky pridajte sušenú zeleninu, petržlenovú vňať, bazalku, cesnakový prášok, cibuľový prášok, soľ, korenie a cestoviny.

3. Kurací alebo hovädzí vývar priveďte do varu a zalejte suchými ingredienciami. Termosku rýchlo prikryte a bezpečne zatvorte. Ak je to možné, každú hodinu termosku pretrepte alebo otočte, kým nebudete pripravení na jedenie.

DEHYDRATOVANÉ ČIPY

54. Sladké zemiakové lupienky

Výťažok: 6 šálok

Čas prípravy: 15 minút

Čas varenia: 4 až 8 hodín

INGREDIENCIE

4 veľké sladké zemiaky

INŠTRUKCIE

1. Zemiaky ošúpte alebo ich ponechajte v šupke, aby ste získali dodatočnú nutričnú hodnotu.

2. Pomocou mandolíny nakrájajte každý zemiak na kolieska hrubé $\frac{1}{8}$ palca.

3. Guľôčky pridajte do veľkého hrnca s vriacou vodou a varte do mäkka, asi 10 minút. Vypustite a zlikvidujte tekutinu. Neprevárajte; pri manipulácii by si mali zachovať svoj tvar.

4. Položte mokré kolieska sladkých zemiakov na podnosy sušičky. Nemali by sa dotýkať.

5. Kolieska hranolčekov posypte soľou a korením (voliteľné).

6. Sušte pri 125°F po dobu 4 až 8 hodín, kým hranolky nie sú chrumkavé a stredy nie sú hotové.

55. Kapustové lupienky

Výťažok: 2 šálky

Čas prípravy: 5 minút

Čas varenia: 4 až 6 hodín

INGREDIENCIE

1 zväzok kelu, stonky odstránené

1 lyžica olivového oleja alebo jablčného octu

korenie podľa želania

INŠTRUKCIE

1. Nakrájajte listy kelu na 2- až 3-palcové pásiky.

2. Kel zľahka potrieme olivovým olejom alebo použijeme jablčný ocot ako nízkotučnú alternatívu oleja. To dáva koreniu niečo, čoho sa musí držať.

3. Kel posypte korením podľa vlastného výberu.

4. Položte ochutený kel na podnosy sušičky a sušte pri teplote 125 °F počas 4 až 6 hodín, kým nie sú chrumkavé.

56. Cuketové lupienky

Výťažok: 5 šálok

Čas prípravy: 15 minút

Čas varenia: 10 až 12 hodín

INGREDIENCIE

4 stredné cuketové tekvice

$\frac{1}{4}$ šálky jablčného octu

soľ, podľa chuti

korenie, podľa chuti

čili prášok podľa chuti

INŠTRUKCIE

1. Nakrájajte cuketu na $\frac{1}{4}$ palca hrubé koliesku. Pre rovnomerné sušenie je najlepšie zachovať rovnakú hrúbku. Experimentujte s použitím krájacej čepele s vlnitým rezom, ktorá vytvára na trieskach ryhy; hrebene majú tendenciu poskytnúť koreniu väčšiu plochu na uchopenie.

2. Pridajte jablčný ocot, soľ, korenie a čili prášok do nereaktívnej misky so širokým dnom. Miešajte, kým sa nezapracuje.

3. Do misky pridajte hrsť surových lupienkov a miešajte, kým nie sú pokryté zmesou octu a korenia. Oddeľte kúsky, ktoré sa zlepia, a uistite sa, že všetky plátky cukety sú obalené korením.

4. Umiestnite čipsy na podnosy sušičky. Môžu sa dotýkať, ale nemali by sa prekrývať.

5. Sušte pri teplote 135 °F počas 10 až 12 hodín. Ak máte sušičku so spodným ohrevom, možno budete musieť zmeniť usporiadanie podnosov v polovici cyklu sušenia. Po 5 hodinách presuňte horné podnosy na spodok, aby sa hranolky rovnomerne vysušili.

57. Dehydrované uhorky do chladničky

Výťažok: 1 pinta

Čas prípravy: 5 minút

Doba varenia: Čakacia doba najmenej 24 hodín

INGREDIENCIE

1 šálka octu

1 šálka vody

1½ lyžice nakladacej soli alebo kóšer soli

1 strúčik cesnaku, rozdrvený

¼ lyžičky kôprových semien

⅛ lyžičky vločiek červenej papriky

1 ½ šálky dehydrovaných plátkov uhoriek alebo kopí

INŠTRUKCIE

1. Na prípravu soľanky zmiešajte ocot, vodu a soľ v malom hrnci na vysokej teplote. Priveďte do varu, potom ihneď vyberte a nechajte vychladnúť.

2. Pridajte cesnak, kôprové semienko, vločky červenej papriky a dehydrované plátky uhorky do pollitrovej zaváracej nádoby.

3. Nalejte vychladenú soľanku na uhorky a naplňte nádobu do ½ palca od vrchu. Možno nepoužijete všetku soľanku.

4. Pred jedlom dajte do chladničky aspoň na 24 hodín. Uhorky nakypria a cez noc sa z nich zázračne stanú uhorky.

58. Prosciutto chipsy

INGREDIENCIE

12 (1 unca) plátkov prosciutta

Olej

INŠTRUKCIE:

Predhrejte rúru na 350 ° F.

Plech vystelieme papierom na pečenie a poukladáme naň plátky prosciutta v jednej vrstve. Pečte 12 minút alebo kým prosciutto nie je chrumkavé.

Pred konzumáciou nechajte úplne vychladnúť.

59. Repné lupienky

INGREDIENT

10 strednej červenej repy

1/2 šálky avokádového oleja

2 lyžičky morskej soli

1/2 lyžičky granulovaného cesnaku

INŠTRUKCIE:

Predhrejte rúru na 350 ° F. Niekoľko plechov vystelieme papierom na pečenie a odložíme bokom.

Cviklu ošúpeme krájačom na zeleninu a odrežeme konce. Opatrne nakrájajte repu na kolieska s hrúbkou asi 3 mm pomocou mandolínového krájača alebo ostrého noža.

Nakrájanú repu vložte do veľkej misy a pridajte olej, soľ a granulovaný cesnak. Premiešame, aby sa každý plátok obalil. Vyhraďte si 20 minút a nechajte soľ vytiahnuť prebytočnú vlhkosť.

Vypustite prebytočnú tekutinu a poukladajte nakrájanú repu v jednej vrstve na pripravené plechy na pečenie. Pečieme 45 minút alebo do chrumkava.

Vyberte z rúry a nechajte vychladnúť. Uchovávajte vo vzduchotesnej nádobe, kým nie je pripravené na konzumáciu, maximálne 1 týždeň.

60. Jačmenné lupienky

INGREDIENT

1 šálka viacúčelovej múky

½ šálky jačmennej múky

½ šálky valcovaného jačmeňa (jačmeň

Vločky

2 lyžice Cukor

¼ lyžičky soli

8 lyžíc (1 tyčinka) masla príp

Margarín, zmäkčený

½ šálky Mlieko

INŠTRUKCIE:

Vo veľkej miske alebo v kuchynskom robote zmiešajte múku, jačmeň, cukor a soľ.

Nakrájajte maslo, kým zmes nebude pripomínať hrubú múku. Pridajte toľko mlieka, aby vzniklo cesto, ktoré bude držať pohromade v súdržnej guľke.

Cesto rozdeľte na 2 rovnaké časti na vaľkanie. Na pomúčenej doske alebo utierke na pečivo rozvaľkajte na ⅛ až ¼ palca. Nakrájajte na 2-palcové kruhy alebo štvorce a položte na jemne vymastený alebo pergamenom vyložený plech. Každý kreker prepichnite na 2 alebo 3 miestach hrotmi vidličky.

Pečieme 20 až 25 minút alebo do stredne hnedej. Ochlaďte na mriežke.

61. Cheddar mexi-melt chrumky

INGREDIENT

1 šálka strúhaný syr čedar ostrý

1/8 lyžičky granulovaného cesnaku

1/8 lyžičky čili prášku

1/8 lyžičky mletého kmínu

1/16 lyžičky kajenského korenia

1 lyžica jemne nasekaného koriandra

1 lyžička olivového oleja

INŠTRUKCIE:

Predhrejte rúru na 350 ° F. Pripravte si plech na sušienky s pergamenovým papierom alebo podložkou Silpat.

Zmiešajte všetky ingrediencie v strednej miske, kým sa dobre nespoja.

Po častiach kvapkajte na pripravený plech na sušienky.

Varte 5-7 minút, kým okraje nezačnú hnednúť.

Pred vybratím z plechu pomocou špachtle nechajte 2-3 minúty vychladnúť.

62. Pepperoni chipsy

INGREDIENT

24 plátkov feferónky bez cukru

Olej

INŠTRUKCIE:

Predhrejte rúru na 425 ° F.

Plech vystelieme papierom na pečenie a rozložíme naň plátky feferóniek.

Pečte 10 minút a potom vyberte z rúry a pomocou papierovej utierky odstráňte prebytočný tuk. Vráťte do rúry na ďalších 5 minút alebo kým feferónky nie sú chrumkavé.

63. Anjelské lupienky

INGREDIENT

½ šálky Cukor

½ šálky hnedý cukor

1 šálka Skrátenie

1 vajce

1 lyžička Vanilkový

1 lyžička Krém zo zubného kameňa

2 šálky Múka

½ lyžičky Soľ

1 lyžička Prášok na pečenie

INŠTRUKCIE:

Smotanový cukor, hnedý cukor a tuk. Pridajte vanilku a vajce. Miešajte, kým nebude nadýchaná. Pridajte suché prísady; zmes.

Po lyžičkách rolujte do guľôčok. Ponorte do vody a potom do kryštálového cukru. Položte na plech cukrovou stranou nahor a potom vyrovnajte pohárom.

Pečieme pri 350 stupňoch 10 minút.

64. Satay chrumky z kuracej kože

INGREDIENT

Koža z 3 veľkých kuracích stehien

2 polievkové lyžice hrubého arašidového masla bez pridaného cukru

1 lyžica nesladenej kokosovej smotany

1 lyžička kokosového oleja

1 čajová lyžička nasekanej a mletej papriky jalapeňo

1/4 strúčika cesnaku, mletého

1 lyžička kokosových aminokyselín

INŠTRUKCIE:

Predhrejte rúru na 350 ° F. Na plech vystlaný pergamenovým papierom rozložte šupky čo najrovnejšie.

Pečte 12-15 minút, kým šupky nezhnednú a nebudú chrumkavé, dávajte pozor, aby ste ich nepripálili.

Odstráňte šupku z plechu a položte na papierovú utierku, aby sa ochladila.

V malom kuchynskom robote pridajte arašidové maslo, kokosovú smotanu, kokosový olej, jalapeňo, cesnak a kokosové aminokyseliny. Miešajte, kým sa dobre nezmieša, asi 30 sekúnd.

Každú chrumkavú kuraciu kožu nakrájajte na 2 kusy.

Na každé kuracie krehké položte 1 polievkovú lyžicu arašidovej omáčky a ihneď podávajte. Ak je omáčka príliš tekutá, pred použitím ju dajte na 2 hodiny do chladničky.

65. Kuracia koža s avokádom

INGREDIENT

Koža z 3 veľkých kuracích stehien

1/4 $_{stredného}$ avokáda , olúpané a zbavené kôstok

3 lyžice plnotučnej kyslej smotany

1/2 $_{strednej}$ papričky $_{jalapeño}$ zbavenej semienok a nakrájanej nadrobno

1/2 lyžičky morskej $_{soli}$

INŠTRUKCIE:

Predhrejte rúru na 350 ° F. Na plech vystlaný pergamenovým papierom rozložte šupky čo najrovnejšie.

Pečte 12-15 minút, kým šupky nezhnednú a nebudú chrumkavé, dávajte pozor, aby ste ich nepripálili.

Odstráňte šupku z plechu a položte na papierovú utierku, aby sa ochladila.

V malej miske zmiešajte avokádo, kyslú smotanu, jalapeño a soľ.

Miešajte vidličkou, kým sa dobre nezmieša.

Každú chrumkavú kuraciu kožu nakrájajte na 2 kusy.

Položte 1 polievkovú lyžicu avokádovej zmesi na každé kuracie chrumkavé a ihneď podávajte.

66. Parmezánové zeleninové chrumky

INGREDIENT

3/4 šálky strúhanej cukety

1/4 šálky strúhanej mrkvy

2 šálky čerstvo nastrúhaného parmezánu

1 lyžica olivového oleja

1/4 lyžičky čierneho korenia

INŠTRUKCIE:

Predhrejte rúru na 375 ° F. Pripravte si plech na sušienky s pergamenovým papierom alebo podložkou Silpat.

Nakrájanú zeleninu zabaľte do papierovej utierky a vyžmýkajte prebytočnú vlhkosť.

Zmiešajte všetky ingrediencie v strednej miske, kým sa dôkladne nespoja.

Umiestnite kôpky veľkosti polievkovej lyžice na pripravený plech.

Pečieme 7-10 minút, kým jemne nezhnedne.

Nechajte 2-3 minúty vychladnúť a vyberte z plechu.

67. Tekvicový koláč kokosové chrumky

INGREDIENT

2 lyžice kokosového oleja

1/2 lyžičky vanilkového extraktu

1/2 lyžičky korenia na tekvicový koláč

1 polievková lyžica granulovaného erytritolu

2 šálky nesladených kokosových vločiek

1/8 lyžičky soli _

INŠTRUKCIE:

Predhrejte rúru na 350 ° F.

Vložte kokosový olej do strednej misky vhodnej do mikrovlnnej rúry a vložte do mikrovlnnej rúry, kým sa neroztopí, asi 20 sekúnd. Pridajte vanilkový extrakt, korenie na tekvicový koláč a granulovaný erytritol do kokosového oleja a miešajte, kým sa nespojí.

Vložte kokosové vločky do strednej misy, nalejte na ne zmes kokosového oleja a premiešajte, aby sa obalili. Rozložte v jednej vrstve na plech a posypte soľou.

Pečieme 5 minút alebo kým nie je kokos chrumkavý.

68. chrumky z kuracej kože alfredo

INGREDIENT

Koža z 3 veľkých kuracích stehien
2 lyžice syra ricotta
2 lyžice smotanového syra
1 lyžica strúhaného parmezánu
1/4 strúčika cesnaku, mletého
1/4 lyžičky mletého bieleho korenia

INŠTRUKCIE:

Predhrejte rúru na 350 ° F. Na plech vystlaný pergamenovým papierom rozložte šupky čo najrovnejšie.

Pečte 12-15 minút, kým šupky nezhnednú a nebudú chrumkavé, dávajte pozor, aby ste ich nepripálili.

Odstráňte šupku z plechu a položte na papierovú utierku, aby sa ochladila.

V malej miske pridajte syry, cesnak a korenie. Miešajte vidličkou, kým sa dobre nezmieša.

Každú chrumkavú kuraciu kožu nakrájajte na 2 kusy.

Položte 1 polievkovú lyžicu syrovej zmesi na každé kuracie chrumkavé a ihneď podávajte.

ZELENINA

69. Sladké zemiakové palacinky z kokosovej múky

Výťažok: 6 stredných palaciniek

Čas prípravy: 5 minút

Čas varenia: 2 až 4 minúty

INGREDIENCIE

5 vajec

¼ šálky mlieka

½ lyžičky vanilkového extraktu

½ šálky nesladeného jablkového pyré

¼ šálky kokosovej múky

¼ šálky múky zo sladkých zemiakov

1 polievková lyžica kryštálového cukru alebo medu

¼ lyžičky prášku do pečiva

mletá škorica, podľa chuti

¼ lyžičky soli

INŠTRUKCIE

1. Predhrejte panvicu alebo veľkú panvicu na strednom ohni.

2. Vo veľkej miske vyšľaháme vajcia, mlieko, vanilku a jablkovú omáčku, kým sa nespojí.

3. V strednej miske rozšľaháme kokosovú múku, múku zo sladkých zemiakov, cukor alebo med, prášok do pečiva, škoricu a soľ, kým sa dobre nezmiešajú.

4. Suché suroviny pridáme k mokrým. Miešajte vidličkou, kým sa ingrediencie dobre nespoja a nezostanú žiadne hrudky.

5. Cesto dávajte naberačkou, približne po ¼ šálky naraz, na horúcu panvicu. Varte 2 až 4 minúty z každej strany, kým sa na vrchu nezačnú vytvárať malé bublinky, potom otočte.

6. Podávajte teplé s obľúbenými polevou na palacinky.

70. Plnené kapustové rolky v pomalom sporáku

Výťažok: 8 až 12 roliek

Čas prípravy: 20 minút

Čas varenia: 8 až 10 hodín

INGREDIENCIE

8 až 12 sušených listov kapusty

¼ šálky dehydrovanej cibule nakrájanej na kocky

⅔ šálky paradajkového prášku

1 lyžica hnedého cukru (voliteľné)

1 lyžička worcesterskej omáčky (voliteľné)

1 šálka varenej bielej ryže

1 vajce, rozšľahané

1 libra extra chudého mletého hovädzieho mäsa

1 lyžička soli a viac podľa chuti

1 čajová lyžička korenia a viac podľa chuti

INŠTRUKCIE

1. Priveďte do varu veľký hrniec s vodou. Pridajte dehydrované kapustné listy a varte 2 až 3 minúty, kým nezmäknú. Scedíme a odložíme bokom.

2. V malej miske zakryte na kocky nakrájanú cibuľu horúcou vodou, aby sa rehydratovala, asi 15 minút.

3. Na prípravu paradajkovej omáčky vložte paradajkový prášok do strednej misky. Pomaly nalejte 2 šálky vriacej vody a dobre prešľahajte, aby sa zredukovali kúsky. Prišľahajte hnedý cukor a worcesterskú omáčku, ak používate. Odložte bokom.

4. Vo veľkej mise zmiešajte uvarenú ryžu, vajce, mleté hovädzie mäso, cibuľu, 2 lyžice paradajkovej omáčky, soľ a korenie. Miešajte lyžicou, alebo dlabajte a rozmixujte čistými rukami.

5. Do každého kapustového listu vložte asi $\frac{1}{4}$ šálky zmesi, zrolujte a zastrčte konce. Vložte rolky do pomalého hrnca.

6. Závitky kapusty polejeme zvyšnou paradajkovou omáčkou. Prikryte a varte na nízkej teplote 8 až 10 hodín.

71. Dusená zimná tekvica s jablkami

Výťažok: 2 šálky

Čas prípravy: 1 hodina

Čas varenia: 10 minút

INGREDIENCIE

1 šálka dehydrovaných kociek zimnej tekvice

½ šálky dehydrovanej cibule

½ šálky dehydrovaného jablka

2 lyžice masla

½ lyžičky zelerovej soli

½ lyžičky cesnakového prášku

½ lyžičky tymiánu

soľ, podľa chuti

korenie, podľa chuti

INŠTRUKCIE

1. Do veľkej misy vložte dehydrované kocky tekvice a cibuľu a zalejte 2 šálkami teplej vody. Namočte 1 hodinu. Vypustite všetku zvyšnú vodu.

2. Rehydratujte jablko tak, že ho umiestnite do samostatnej misky a zakryjete studenou vodou na 1 hodinu.

3. Vo veľkom hrnci na strednom ohni roztopte maslo.

4. Do hrnca pridajte patizón, cibuľu a zelerovú soľ, za občasného miešania, kým tekvica nezačne hnednúť, asi 5 minút.

5. Pridajte cesnakový prášok a jablko a varte, kým jablká nezmäknú, asi 2 minúty.

6. Pridajte tymian, soľ a korenie podľa chuti.

72. Dehydrované zimné tekvicové hniezda

Výnos: 10 až 15 hniezd tekvice

Čas prípravy: 30 minút

Čas varenia: 4 až 6 hodín

INGREDIENCIE

1 veľká zimná tekvica, olúpaná a zbavená semienok

INŠTRUKCIE

1. Ak používate špiralizér, nakrájajte tekvicu na zvládnuteľné kúsky a nakrájajte tekvicu na dlhé vlákna. Ak nemáte špiralizér, nakreslite cez tekvicu škrabku na zeleninu a vytvorte tenké, široké rezance podobné rezancom, alebo použite škrabku na julienne, aby ste získali vlákna podobné špagetám.

2. Nie všetky kusy sa budú otáčať v jednej dlhej časti, preto oddeľte časti, ktoré to robia, odstránením z hromady.

3. Pridajte dlhé pramene do podnosov sušičky a usporiadajte ich do hniezda tak, že každý kus na seba naukladáte. Pridajte menšie kúsky do podnosov sušičky po malých hrstiach, aby ste vytvorili hniezda, 5 alebo 6 kôp na podnos.

4. Sušte pri teplote 140 °F po dobu 2 hodín, znížte teplotu na 130 °F a sušte ďalšie 2 až 4 hodiny, kým kúsky neskrehnú.

73. Cesnakovo kreolské korenené tekvicové hniezda

Výnos: 10 hniezd

Čas prípravy: 35 minút

Čas varenia: 5 minút

INGREDIENCIE

10 dehydrovaných hniezd zimnej tekvice (strana 117) alebo 2 šálky sušených kúskov tekvice

⅓ šálky viacúčelovej múky

2 strúčiky cesnaku, mleté

2 veľké vajcia, rozšľahané

1 polievková lyžica zmesi kreolského korenia

2 lyžice olivového oleja

10 lyžičiek syra čedar

INŠTRUKCIE

1. Čiastočne rehydratujte tekvicové hniezda namočením do horúcej vody na 30 minút. Vypustite a zlikvidujte namáčací roztok.

2. Vo veľkej mise zmiešajte múku, cesnak, vajcia a kreolské korenie. Hniezda tekvice namočte do vaječnej zmesi, pričom dávajte pozor, aby ste hniezda nerozbili.

3. Vo veľkej panvici zohrejte olivový olej na stredne vysokú teplotu.

4. Z každej porcie vyberte 1 hniezdo. Vložte do panvice a splošte squash stierkou, potom varte, kým spodná strana nie je zlatohnedá, asi 2 minúty.

5. Otočte a opečte z druhej strany, asi o 2 minúty dlhšie.

6. Každé hniezdo naplňte 1 lyžičkou syra čedar a ihneď podávajte.

74. Fajita fazuľa a ryža

Výťažok: 1 pollitrová nádoba suchá; 6 šálok uvarených

Čas prípravy: 35 minút

Čas varenia: 20 až 25 minút

INGREDIENCIE

1 šálka rýchlej hnedej ryže

2 šálky fazule Quick Cook

$\frac{1}{4}$ šálky dehydrovanej sladkej papriky

$\frac{1}{4}$ šálky dehydrovanej cibule

$\frac{1}{4}$ šálky dehydrovanej mrkvy

$\frac{1}{4}$ šálky paradajkového prášku

$\frac{1}{4}$ lyžičky sušeného cesnaku

1 lyžička čili prášku

$\frac{1}{2}$ lyžičky soli

$\frac{1}{2}$ lyžičky papriky

$\frac{1}{2}$ lyžičky hnedého cukru

$\frac{1}{4}$ lyžičky čierneho korenia

$\frac{1}{4}$ lyžičky oregana

$\frac{1}{4}$ lyžičky rasce

$\frac{1}{8}$ lyžičky kajenského korenia

INŠTRUKCIE

1. Vložte všetky ingrediencie do 1-litrovej nádoby so širokým hrdlom alebo mylarového vrecka. Pridajte 100 cm3 absorbér kyslíka a pevne uzavrite. Skladujte až 5 rokov.

2. Pri podávaní vyberte kyslíkový balíček a vyprázdnite obsah nádoby do veľkej panvice. Podlejeme 6 hrnčekmi vody a na prudkom ohni privedieme do varu. Znížte teplotu na strednú úroveň, prikryte a duste 15 až 20 minút za občasného miešania, kým nie sú fazule hotové.

3. Ozdobte strúhaným syrom podľa chuti.

75. Ryžovaná karfiolová pizza kôra

Výťažok: 2 (8-palcové) kôry

Čas prípravy: 40 minút

Čas varenia: 15 až 20 minút

INGREDIENCIE

1 šálka dehydrovaného karfiolu

4 šálky vody

2 vajcia

2 šálky strúhaného parmezánu

INŠTRUKCIE:

1. Predhrejte rúru na 400 °F.

2. Karfiol vložte do veľkej misy, zalejte 4 šálkami horúcej vody a namočte na 20 minút. Vypustite a zlikvidujte namáčací roztok.

3. Nakrájajte rehydratovaný karfiol ručne alebo pomocou kuchynského robota, kým kúsky nebudú malé a jednotnej veľkosti.

4. Ryžovaný karfiol varte na panvici na strednom ohni. Miešajte, kým karfiol nevyschne a neodstráni vlhkosť.

5. Karfiol odstavíme a necháme vychladnúť. Môže sa rýchlejšie ochladiť, ak ho vyberiete z panvice.

6. V samostatnej miske rozšľaháme vajcia. Vmiešame parmezán.

7. Do misky pridajte vychladnutý karfiol a miešajte, kým sa úplne nepremieša.

8. Na pergamenovom papieri rozdeľte zmes na 2 rovnaké časti. Každý kus zapracujte do 8-palcového kruhu s hrúbkou asi $\frac{1}{4}$ palca. Väčšiu časť zmesi ponechajte na okrajoch, aby sa koliesda uvarili rovnomerne a okraje sa nepripálili.

9. Posuňte pergamenový papier na plech a pečte pri 400 °F, kým koliesda nezhnednú a nie sú pevné, asi 15 až 20 minút.

76. Hash Brown Mix v nádobe

Suroviny osušte oddelene a spojte. Tento recept tvorí 1 nádobu s 2 jedlami.

Výťažok: 1 pollitrová nádoba suchá; 2 šálky uvarené

Čas prípravy: 10 až 15 minút

Čas varenia: 10 až 15 minút

INGREDIENCIE

2 šálky dehydrovaných zemiakových kúskov

½ šálky sušenej cibule

½ šálky sušenej sladkej papriky

¼ šálky sušeného mletého cesnaku

1 lyžička rastlinného oleja

INŠTRUKCIE:

1. Zmiešajte strúhanky zemiakov, sušenú cibuľu, sušenú sladkú papriku a sušený mletý cesnak vo veľkej mise. Vložte do zaváracej nádoby alebo Mylarového vrecka. Pridajte 100 cm3 absorbér kyslíka a pevne uzavrite. Skladujte až 5 rokov.

2. Na prípravu vyprázdnite 1 šálku obsahu pohára do misky a zakryte vriacou vodou na 10 až 15 minút, kým nezhustne. Preceďte a vyžmýkajte, aby ste odstránili prebytočnú vodu.

3. Na panvici zohrejte olej na strednom ohni.

4. Pridajte zemiakovú zmes na panvicu a počas pečenia ju jemne stláčajte do tenkej, rovnomernej vrstvy.

5. Varte do chrumkava a opečte z každej strany približne 3 minúty.

77. Rýchla hnedá ryža

Výťažok: 2 šálky dehydrovanej ryže;

INGREDIENCIE

$3\frac{1}{2}$ šálky varenej ryže

Čas prípravy: 5 až 7 hodín

Čas varenia: 17 minút

INŠTRUKCIE:

1. Uvarte 2 šálky obyčajnej hnedej ryže podľa návodu na obale; uistite sa, že všetka tekutina je absorbovaná.

2. Zakryte podnosy sušičky pergamenovým papierom alebo vložkou Paraflexx a rozložte uvarenú ryžu v jednej vrstve. Dehydratujte pri 125 °F po dobu 5 až 7 hodín. V polovici procesu sušenia rozlomte všetku ryžu, ktorá sa zlepila, a otočte podnosy. Po úplnom vyschnutí by mala ryža pri páde na dosku zacvaknúť.

3. Na rehydratáciu odmerajte 1 šálku sušenej ryže, vložte ju do hrnca a zalejte $\frac{3}{4}$ šálky vody. Namočte na 5 minút, aby sa začala rehydratácia, potom priveďte do varu a varte 2 minúty. Odstráňte z tepla, prikryte a nechajte 10 minút postáť. Načechrajte vidličkou.

78. Rýchla varená fazuľa

Výťažok: 3 šálky

Čas prípravy: 10 minút plus 8 hodín

Čas varenia: 8 až 10 hodín

INGREDIENCIE

4 šálky suchej fazule

INŠTRUKCIE:

1. Sušenú fazuľu namočte cez noc. Vypustite vodu.

2. Po aspoň 8 hodinách namáčania pridajte fazuľu do veľkého hrnca, podlejte vodou a priveďte do varu. Znížte teplotu a varte 10 minút. Vypustiť.

3. Rozložte čiastočne uvarené fazule v jednej vrstve na podnosy sušičky a spracujte pri teplote 95 °F až 100 °F počas 8 až 10 hodín. Po vysušení budú tvrdé.

4. Skladujte v zaváracích nádobách so 100 cm3 absorbérmi kyslíka alebo odstráňte kyslík pomocou nástavca FoodSaver. Čas použiteľnosti je 5 rokov.

Na rehydratáciu: Namočte 1 šálku dehydrovanej fazule a 2 šálky vody do hrnca na 5 minút. Priveďte do varu 10 minút. Nezakrývaj.

79. Pani. Fazuľa pečená na varnej doske B

Výťažok: 3 šálky

Čas prípravy: 15 minút

Čas varenia: 10 minút

INGREDIENCIE

1 šálka fazule na rýchle varenie (strana 123)

2 šálky vody

¼ šálky dehydrovanej nakrájanej cibule

2 lyžičky horčice

⅛ šálky hnedého cukru alebo podľa chuti

1 lyžička Worcestershire omáčka

INŠTRUKCIE:

1. Rehydratujte fazuľu Quick Cook Beans namočením fazule s 2 šálkami vody v hrnci na 5 minút. Priveďte do varu 10 minút. Nezakrývaj.

2. Pridajte zvyšné ingrediencie. Miešame, kým sa hnedý cukor nerozpustí.

3. Znížte teplotu na strednú teplotu a varte ďalších 5 minút, kým fazuľa nezmäkne a nevytvorí sa omáčka. V prípade potreby pridajte ďalšiu vodu po 1 lyžičke.

80. Pečenie mexickej fiesty

Výťažok: 1 (2½-litrový) pekáč

Čas prípravy: 45 minút

Čas varenia: 15 minút

INGREDIENCIE

1 šálka dehydrovaných paradajok

1 šálka čerstvých alebo dehydrovaných listov koriandra

½ šálky dehydrovanej zelenej papriky nakrájanej na kocky

½ šálky dehydrovaných kukuričných zŕn

¼ šálky paradajkového prášku

2 čerstvé papričky jalapeňo

2 šálky mletého hovädzieho mäsa

1 lyžička cesnaku

1 limetka, odšťavená

6 kukuričných tortíl, nakrájaných na 1-palcové štvorce

1 šálka syra čedar

INŠTRUKCIE

1. Predhrejte rúru na 350 °F.

2. Vložte dehydrované paradajky do malej misky a zakryte ich 2 šálkami studenej vody na 30 minút, alebo kým nebudú plné a mäkké. Scedíme a nakrájame na kúsky veľkosti sústa.

3. Vložte lístky koriandra, na kocky nakrájanú zelenú papriku a kukuricu do malej misky a pridajte dostatok studenej vody, aby bola zakrytá. Nechajte namočiť 10 až 15 minút, alebo kým paprika nie je kyprá. Vypustiť.

4. Na prípravu paradajkovej omáčky pomaly pridajte 12 uncí horúcej vody do ¼ šálky paradajkového prášku. Miešajte do hladka. Odložte bokom.

5. Očistite, nasekajte a nakrájajte 2 čerstvé papričky jalapeňo.

6. Mleté hovädzie mäso varte vo veľkej panvici, kým úplne nezhnedne.

7. K mletému hovädziemu mäsu pridajte paradajkovú omáčku, cesnak, limetkovú šťavu, paradajky, koriandr, zelenú papriku, kukuricu, tortilly a jalapeňo. Miešajte a zahrievajte.

8. Preložíme do 2½-litrovej zapekacej misy a navrch posypeme syrom.

9. Pečieme 15 minút, kým syr nezhustne.

NÁPOJ

81. Šípkový mätový čaj

Výťažok: 1 šálka

Čas prípravy: 0 minút

Doba lúhovania: 10 až 15 minút

INGREDIENCIE

1 lyžička sušených šípok

1 čajová lyžička sušenej mäty alebo mäty piepornej

1 šálka vody

INŠTRUKCIE:

1. Pridajte mätu a šípky do french pressu alebo kanvičky a zalejte 1 šálkou horúcej vody. Niektorí čajovníci si šípky pred použitím pomelú, ale naozaj to nie je potrebné.

2. Prikryte a lúhujte 10 až 15 minút. Čím dlhšie budete lúhovať, tým bude chuť a farba hlbšia.

82. Pomarančová mätová čajová zmes

Výťažok: 1 šálka

Čas prípravy: 5 minút plus oddychový čas

Čas lúhovania: 10 minút

INGREDIENCIE

2 polievkové lyžice sušenej, nasekanej mäty

2 lyžice sušeného pomaranča

3 alebo 4 celé klinčeky (voliteľné)

INŠTRUKCIE:

1. Suché ingrediencie odmerajte v mlynčeku na kávu alebo v mažiari a spracujte, kým sa nezmiešajú na jednotné kúsky. Vložte do nádoby s pevným uzáverom a nechajte chuť niekoľko dní rozvíjať sa.

2. Pridajte 1 čajovú lyžičku pomarančovej mätovej čajovej zmesi do vylúhovača čajových guľôčok, čajníka alebo francúzskeho lisu. Prikryte a 10 minút lúhujte. To tiež robí osviežujúci ľadový čaj.

83. Slnečný čaj Verbena s citrónom

Výťažok: 1 kvart

Čas prípravy: 0 minút

Strmý čas: niekoľko hodín

INGREDIENCIE

1 hrsť sušených listov citrónovej verbeny

1 liter vody

INŠTRUKCIE:

1. Rozdrvte hrsť sušených listov a pridajte ich do veľkej sklenenej nádoby.

2. Listy zalejte 1 litrom vody a nechajte nádobu niekoľko hodín stáť na slnku.

3. Preceďte listy a pridajte ľad, aby ste si vychutnali osviežujúci nápoj.

84. Limonáda s dehydrovaným citrusom

Výťažok: 5 litrov

Čas prípravy: 0 minút

Čas varenia: 3 hodiny odpočinku

INGREDIENCIE

1 šálka cukru

5 litrov vody

15 kusov dehydrovaných citrusových guľôčok

INŠTRUKCIE:

1. Pridajte cukor do 5 litrov vody a miešajte, kým sa nerozpustí.

2. Pridajte kúsky citrusov a premiešajte.

3. Pridajte ľad, aby kôra zostala ponorená. Nechajte odstáť aspoň 3 hodiny.

4. Premiešajte a nalejte do pohárov s niekoľkými rehydratovanými citrusovými kolesami ako ozdobou.

DEZERT

85. Apple Crisp s ovsenou polevou

Výťažnosť: 1 (8 × 8 palcov) sklenená panvica

Čas prípravy: 35 minút

Čas varenia: 30 minút

INGREDIENCIE

3 šálky dehydrovaných plátkov jabĺk

¾ šálky cukru, rozdeleného

2 lyžice kukuričného škrobu

½ šálky múky

½ šálky ovsa

štipka soli

⅛ čajovej lyžičky mletej škorice plus viac podľa chuti

½ tyčinky studeného masla

INŠTRUKCIE

1. Predhrejte rúru na 375 °F. Pripravte si sklenenú panvicu s rozmermi 8 × 8 palcov so sprejom na varenie.

2. Plátky jabĺk vložte do misky a pridajte len toľko horúcej vody, aby bola zakrytá. Nechajte 30 minút odležať. Sceďte a nechajte tekutinu.

3. Zmiešajte rehydratované jablká s $\frac{1}{2}$ šálky cukru a škorice podľa chuti.

4. V odmerke zmiešajte kukuričný škrob a 2 polievkové lyžice studenej vody, kým sa úplne nezapracuje a nezostanú žiadne hrudky.

5. Umiestnite jablká a odloženú tekutinu do stredného hrnca a dusíme 5 minút. Pridajte kašu z kukuričného škrobu a zahrievajte, kým zmes nezhustne. Ak jablká vyzerajú príliš suché, pridajte viac tekutiny, po 1 polievkovej lyžici, kým nedosiahnete požadovanú konzistenciu.

6. Lyžicou nalejte jablká do pripravenej panvice, zatlačte nadol, aby boli jablká pokryté omáčkou.

7. Na vytvorenie polevy pridajte múku, ovos, zvyšný cukor, soľ a $\frac{1}{8}$ lyžičky škorice do malej misky. Pomocou mixéra na pečivo alebo kuchynského robota nakrájajte studené maslo na suché prísady, kým zmes nebude pripomínať hrubú strúhanku.

8. Polevu nalejeme na jablkovú plnku a rovnomerne rozotrieme, kým nedosiahne všetky rohy. Pečieme 30 minút, kým nebude poleva zlatistá a plnka bublať.

86. Nízkotučný ananásový koláč

Výťažok: 1 koláč (8 x 8 palcov).

Čas prípravy: 25 minút

Čas varenia: 25 až 30 minút

INGREDIENCIE

4 šálky dehydrovaného ananásu

2 šálky vody

2¼ šálky univerzálnej múky

1 šálka kryštálového cukru

2 lyžičky sódy bikarbóny

štipka soli

2 čajové lyžičky vanilkového extraktu

2 vajcia

1 (3,5 uncový) balíček vanilkového instantného pudingu bez cukru

1½ šálky šľahačky bez tuku

INŠTRUKCIE

1. Predhrejte rúru na 350 °F. Zapekaciu misu s rozmermi 8 × 8 palcov vymastíme a vysypeme múkou.

2. Dehydrovaný ananás rozdrvte v plastovom vrecku so zipsom pomocou valčeka alebo rozdrvte v kuchynskom robote. Ananás by mal byť na kúsky, nie v prášku. Rezervujte si 2 šálky.

3. Vložte zvyšok rozdrveného ananásu do malej misky a úplne zakryte 2 šálkami studenej vody z vodovodu na 15 až 20 minút. V prípade potreby pridajte viac vody. Sceďte a nechajte ananásovú tekutinu.

4. V strednej miske vyšľaháme múku, cukor, sódu bikarbónu a soľ.

5. Pridajte vanilkový extrakt a vajcia do malej misky s rehydratovaným ananásom a premiešajte.

6. Mokré prísady pridáme k suchým a miešame, kým sa nevytvorí cesto.

7. Cesto nalejte do pripravenej zapekacej misy.

8. Pečte 25 až 30 minút, kým koláč nie je zlatohnedý a špáradlo nevyjde čisté. Pred pridaním polevy necháme vychladnúť.

9. Zmiešajte 2 šálky rozdrveného ananásu, tekutiny z ananásu a pudingu bez cukru, kým sa nespojí. V prípade potreby pridajte ďalšiu vodu po 1 lyžičke. Jemne vmiešajte smotanu na šľahanie, kým sa nezapracuje.

10. Na koláč natrieme polevu. Nechajte vychladnúť, kým nie je pripravený na podávanie.

87. Kandizovaný zázvor

Výťažok: 8 uncí kandizovaného zázvoru

Čas prípravy: 40 minút plus 1 hodina kondicionovania

Čas varenia: 4 až 6 hodín

INGREDIENCIE

1 veľký (8 uncí) koreň zázvoru

4 šálky vody

$2\frac{1}{4}$ šálky cukru, rozdelené

INŠTRUKCIE

1. Umyte a ošúpte koreň zázvoru. Pomocou mandolíny nakrájajte koreň na $\frac{1}{8}$-palcové plátky.

2. Do hrnca pridajte 4 šálky vody a 2 šálky cukru a miešajte, kým sa cukor nerozpustí.

3. Pridajte kúsky zázvoru do hrnca a priveďte do varu.

4. Znížte teplotu na mierny oheň a varte 30 minút, pričom panvicu držte čiastočne odkrytú, aby mohla uniknúť para.

5. Zázvorovú zmes precedíme a sirup odložíme do zaváracej nádoby.

6. Kúsky zázvoru položte na jednu hodinu na stojan alebo na sušenie, kým nebudú lepkavé, ale nie mokré.

7. Kúsky vhoďte do zvyšnej ¼ šálky cukru, kým nebudú jemne potiahnuté. Túto časť môžete vynechať a znížiť obsah cukru; z jednoduchého sirupu budú stále chutiť sladko.

8. Plátky zázvoru položte na podnos sušičky a sušte pri teplote 135 °F po dobu 4 až 6 hodín alebo dovtedy, kým kúsky nebudú ohybné, ale nebudú vo vnútri lepkavé.

88. Ovsené figové sušienky

Výťažok: 2 tucty sušienok

Čas prípravy: 10 minút plus 1 hodina chladenia

Čas varenia: 12 až 14 minút

INGREDIENCIE

1½ šálky viacúčelovej múky

1 lyžička prášku do pečiva

½ lyžičky soli

3 šálky staromódnych ovsených vločiek (pre mäkšie sušienky spracujte polovicu ovsených vločiek v mixéri, kým nebudú jemne mleté)

1 šálka masla, zmäknutého na izbovú teplotu

1 šálka baleného hnedého cukru

½ šálky kryštálového cukru

2 vajcia

1 lyžička vanilkového extraktu

1 šálka rehydratovaných fíg, nakrájaných na kúsky

INŠTRUKCIE

1. Predhrejte rúru na 350 °F. Plechy vystelieme papierom na pečenie.

2. Vo veľkej mise rozšľahajte múku, prášok do pečiva a soľ. Vmiešame ovos.

3. V ďalšej veľkej mise ručným mixérom vyšľahajte maslo a cukry. Pridajte vajcia a vanilku, potom znova smotanu.

4. Pridajte múčnu zmes do tekutiny a potom miešajte, kým sa nespojí. Vmiešajte rehydratované figy.

5. Cesto chlaďte 1 hodinu alebo cez noc.

6. Na plechy na pečenie položte kopčeky veľkosti polievkovej lyžice, pričom sušienky rozmiestnite 2 palce od seba. Pečte 12 až 14 minút, kým sušienky jemne nezhnednú.

MARINÁDY

89. Cesnakový ranč dresing

INGREDIENCIE:

1 lyžička cesnakového prášku

2 lyžice majonézy

2 lyžičky dijonskej horčice

2 lyžice čerstvej citrónovej šťavy

Soľ a čerstvo mleté čierne korenie podľa chuti

INŠTRUKCIE

Zmiešajte všetky ingrediencie v miske na šalát.

Premiešame so šalátom a podávame.

90. Dresing z červenej cibule a koriandra

INGREDIENCIE:

1 lyžička nadrobno nakrájanej červenej cibule

½ lyžičky jemne nasekaného kryštalického zázvoru

1 polievková lyžica blanšírovaných a nasekaných mandlí

2 čajové lyžičky sezamových semienok

¼ lyžičky anízových semienok

1 lyžička mletého čerstvého koriandra

⅛ lyžičky kajenského kajanu

1 lyžica bieleho vínneho octu

1 polievková lyžica extra panenského olivového oleja

INŠTRUKCIE

V malej miske zmiešajte cibuľu, zázvor, mandle, sezamové semienka, aníz, koriandr, kajenské korenie a ocot.

Miešajte olivový olej, kým sa dobre nespojí.

91. Dilly ranch krémový dresing

INGREDIENCIE:

2 lyžice majonézy

1 lyžica jemne nasekaného čerstvého kôpru

1 lyžica bieleho vínneho octu

1 lyžička dijonskej horčice

INŠTRUKCIE

Zmiešajte všetky ingrediencie v miske na šalát.

Premiešame so šalátom a podávame.

92. Hot cha cha dresing

INGREDIENCIE:

1 polievková lyžica extra panenského olivového oleja

1 lyžica majonézy

2 polievkové lyžice jemnej alebo horúcej salsy

$\frac{1}{4}$ lyžičky čerstvo mletého čierneho korenia

$\frac{1}{8}$ lyžičky mletého kmínu

1 lyžička cesnakového prášku

$\frac{1}{4}$ lyžičky oregana

Cayenne podľa chuti (voliteľné)

Soľ a čerstvo mleté čierne korenie podľa chuti

INŠTRUKCIE

Všetky ingrediencie dôkladne premiešame v malej miske.

Ochutnajte a upravte korenie.

93. Vinaigrette v cajunskom štýle

INGREDIENCIE:

2 lyžice červeného vínneho octu

½ lyžičky sladkej papriky

½ lyžičky zrnitej dijonskej horčice

⅛ čajovej lyžičky kajenského oleja alebo podľa chuti

⅛ čajovej lyžičky (alebo menej) náhrady cukru, voliteľné alebo podľa chuti

2 lyžice extra panenského olivového oleja

soľ a čerstvo mleté čierne korenie podľa chuti

INŠTRUKCIE

Zmiešajte všetky ingrediencie v miske na šalát. Ochutnajte a upravte korenie.

Na vrch navrstvíme šalátovú zeleninu, premiešame a podávame.

94. Horčičný vinaigrette

INGREDIENCIE:

2 lyžice extra panenského olivového oleja

2 lyžičky zrnitej horčice

1 lyžica cesnakového prášku

½ lyžičky pripraveného chrenu

2 lyžice červeného vínneho octu

¼ lyžičky cukru

Soľ a čerstvo mleté čierne korenie podľa chuti

INŠTRUKCIE

Zmiešajte všetky ingrediencie v miske na šalát. Ochutnajte a upravte korenie.

Navrstvite zeleninový šalát a premiešajte tesne pred podávaním.

95. Zázvorový a paprikový vinaigrette

INGREDIENCIE:

1 lyžica ryžového vínneho octu

¼ lyžičky cukru

1 strúčik cesnaku, nasekaný nadrobno

½ lyžičky jemne nasekaného čerstvého zázvoru

¼ lyžičky rozdrvených sušených horúcich čili

¼ lyžičky suchej horčice

¼ lyžičky sezamového oleja

2 lyžice rastlinného oleja

INŠTRUKCIE

Zmiešajte všetky ingrediencie v miske na šalát. Ochutnajte a upravte korenie.

Navrstvite zeleninový šalát a premiešajte tesne pred podávaním.

96. Citrusový vinaigrette

INGREDIENCIE:

1 polievková lyžica čerstvej citrónovej šťavy

1 lyžica čerstvej limetkovej šťavy

1 polievková lyžica čerstvej pomarančovej šťavy

1 lyžička ryžového vínneho octu

3 lyžice extra panenského olivového oleja

½ lyžičky cukru

Soľ a čerstvo mleté čierne korenie podľa chuti

INŠTRUKCIE

Zmiešajte všetky ingrediencie vo veľkej šalátovej mise. Na dresing navrstvíme listy šalátu.

Premiešame tesne pred podávaním.

97. Biele korenie a klinček trieť

INGREDIENCIE:

¼ šálky bieleho korenia

1 lyžica mletého nového korenia

1 lyžica mletej škorice

1 lyžica mletého pikantného

2 polievkové lyžice celých klinčekov

2 lyžice mletého muškátového orieška

2 lyžice papriky

2 lyžice sušeného tymiánu

INŠTRUKCIE

Zmiešajte všetky ingrediencie v mixéri alebo kuchynskom robote.

Skladujte v dóze s tesným uzáverom.

98. Chilli suché triet'

INGREDIENCIE:

3 lyžice cesnakového prášku

3 lyžice papriky

1 polievková lyžica čili prášku

2 lyžičky soli

1 lyžička čerstvo mletého čierneho korenia alebo podľa chuti

¼ lyžičky kajenského kajanu

INŠTRUKCIE

Zmes korenia rozdrvte v kuchynskom robote alebo mixéri alebo použite mažiar.

Skladujte v dóze s tesným uzáverom.

99. Zmes korenia Bourbon

INGREDIENCIE:

2 lyžice papriky

1 lyžica kajenského kajenu

1 lyžica suchej horčice

2 lyžičky soli

2 čajové lyžičky čerstvo mletého čierneho korenia

2 čajové lyžičky cesnakového prášku

2 lyžičky mletej šalvie

1 lyžička bieleho korenia

1 lyžička cibuľového prášku

1 lyžička mletého kmínu

1 lyžička sušeného tymiánu

1 čajová lyžička sušeného oregana

INŠTRUKCIE

Zmiešajte všetky ingrediencie v malej miske.

Skladujte v dóze s tesným uzáverom.

100. Ľahké bylinkové octy

Výťažok: 1 porcia

INGREDIENT

4 vetvičky čerstvého rozmarínu

INŠTRUKCIE:

Ak chcete pripraviť bylinkový ocot, vložte opláchnuté a sušené bylinky a akékoľvek korenie do sterilizovanej 750 ml fľaše na víno a pridajte asi 3 šálky octu, pričom naplňte vrch do ¼ palca. Zastavte s novým korkom a odložte na 2 až 3 týždne na lúhovanie. Ocot má trvanlivosť minimálne 1 rok.

S červeným vínnym octom použite: 4 vetvičky čerstvej petržlenovej vňate, 2 polievkové lyžice čierneho korenia

ZÁVER

Pravdepodobne musíme ďakovať komunite batôžkárov za moderné oživenie dehydrovaného jedla. Ich dopyt po jednoduchých, ľahkých a výživných jedlách vyvolal potrebu baleného ovocia, zeleniny, príloh a plnohodnotných jedál spolu s obnoveným záujmom o sušičky a iné spôsoby sušenia potravín. Tieto nové hotové jedlá možno nájsť v každom obchode s potravinami a vonku a sú známe svojou jednoduchou prípravou a rýchlym časom varenia. Chuť sa zlepšila natoľko, že by ste to považovali za skvelú večeru. Moderní prípravkári posunuli túto výzvu o krok ďalej tým, že sa naučili vyrábať, skladovať a rotovať ročné jedlo vo vlastnej pripravenej špajzi.

Táto príručka vás naučí základy dehydratácie ovocia, zeleniny a bielkovín; poskytuje podrobné informácie o sušení 50 druhov ovocia a zeleniny; a zdieľa niektoré rokmi overené a rodinou obľúbené recepty na každodenné použitie. Všetko, čo potrebujete, aby ste sa naučili skladovať si vlastnú zdravú a stabilnú špajzu, je súčasťou balenia.

www.ingramcontent.com/pod-product-compliance
Lightning Source LLC
Chambersburg PA
CBHW050019130526
44590CB00042B/955